子どもを攻撃せずにはいられない親

片田珠美
Katada Tamami

PHP新書

JN150379

はじめに

親の虐待によって子どもが死亡する事件が後を絶たない。このような事件で問題になるのは、たいてい身体的虐待である。殴ったり、蹴ったり、投げ落としたり、逆さづりにしたりする。あるいは、たばこの火を押しつけたり、戸外に閉め出したりする。

こうした身体的虐待によって、子どもは大きなダメージを受ける。そのうえ、食事を与えなかったり、不潔なままにしたりするネグレクト（育児放棄）も重なると、子どもは衰弱する。それでも、親が子どもを病院に連れて行かず、放置しているうちに、死亡という最悪の事態を招く。

問題は、この手の身体的虐待をしつけのためと思い込んでいる親が少なくないことだ。二〇一九年一月、千葉県野田市で死亡した当時小学校四年生の栗原心愛《みあ》さんの父親もその一人で、自分は正しいと思い込んでいるように見受けられた。

そのうえ、「子どもは自分のもの」という所有意識も強いように私の目には映った。

子どもを自分の所有物とみなしているからこそ、自分の好きなように扱ってもいいと思い込むわけで、こうした傾向は、子どもを虐待する親に共通して認められる。

所有意識が強いのは、子どもに暴力を振るう親だけではない。子どもを罵倒《ばとう》・侮辱・脅迫する親、子どもを自分の思い通りに支配しようとする親、兄弟姉妹の間で格差をつける親などにも、強い所有意識が認められる。

この手の心理的虐待は、子どもの心をひどく傷つける。ときには、頭痛や腹痛などの身体症状が出現することもあるが、ほとんどの親には、自分が子どもの心身の不調の原因になっているという認識がない。

むしろ、子どものためによかれと思ってやっていると思い込んでいる親が多い。とくに子どもを支配しようとする親は、このような思い込みが強く、親自身の価値観を子どもに押しつける。

こうした価値観の押しつけの根底には、子どもは「自分をよく見せるための付属物」という親の認識が潜んでいることが多い。もっとも、この認識を親が自覚していることはほとんどない。むしろ、親自身が正しいと信じる価値観が子どものためになると思っているからこそ、それを押しつける。

たとえば、子どもが「いい学校」「いい会社」に入ることを親が願うのは、子どもの幸福のためだと親は思っている。だが、実際には、子どもが「いい学校」「いい会社」に入れば、親自身をよく見せることができ、自慢できるという思惑や打算が潜んでいることが少なくない。

このような思惑や打算を親が自覚していることはごくまれだ。だからこそ、親の価値観を子どもに押しつけ、自分の思い通りに支配しようとするのだろうが、その結果心身に不調をきたした方を精神科医として数多く診察してきた。

私自身も、進路選択の際に親の価値観を押しつけられ、そのせいで若い頃は随分悩んだものだ。それでも、私の両親は自分たちの正しさを確信していて、価値観の押しつけが娘を苦しめているとは、つゆほども思わなかったようだ。だから、こういう親を持つ子どもの苦悩がよくわかる。

そこで、本書では、子どもを攻撃せずにはいられない親を取り上げ、その心理メカニズムを分析したい。

まず、第一章で、子どもを攻撃する親とはどんな親なのかを、事例を紹介しながら説明する。次に、第二章で、なぜ親が我が子を攻撃するのかを分析し、その精神構造を明らかにする。

さらに、第三章では、攻撃的な親が子どもに与える影響について、具体例を挙げながら解説し、第四章では、子どもを攻撃する親にどう対処すればいいのか、考察する。

最後に、第五章で、子どもに対する親の究極の攻撃ともいうべき子殺しについて解説したい。二〇一九年六月、東京都練馬区で元事務次官の七十代の父親が、無職で長年ひきこもり気味の生活を送っていた四十代の長男を殺害した事件を取り上げ、この事件の根底に潜む問題を分析する。

攻撃的な親から身を守りたければ、そしてあなた自身がこういう親になりたくなければ、是非お読みいただきたい。

子どもを攻撃せずにはいられない親

——目次

第一章　あなたのまわりにもいる子どもを攻撃する親

第二章 なぜ子どもを攻撃するのか

第三章 攻撃的な親が子どもに与える影響

第四章

処方箋——無理に許さなくてもいい

第五章

子どもを殺す親

第一章

あなたのまわりにもいる
子どもを攻撃する親

子どもを攻撃する親は、どこにでもいる。この章では、そのような親の事例を紹介したい。

子どもを支配しようとする親

子どもを支配しようとする親は、何にでも干渉し、細かく指示する。自分の思い通りに子どもをコントロールしていないと気がすまないからだ。こういう親にとっては、常に自分の言うことを聞く子どもが〝いい子〟である。逆に、言うことを聞かない子どもは〝悪い子〟であり、そういう〝悪い子〟に対しては、「言うことを聞かないのなら、……」という言い方で脅《おど》す。この「……」の部分は、「おやつをあげない」「何も買ってあげない」「どこにも連れて行かない」などさまざまだ。

たとえば、摂食障害で通院している二十代の女性は、子どもの頃から母親の過保護・過干渉にどれだけ悩まされてきたかを話してくれた。

「母は、几帳面で完璧主義で、いつも家の中をピカピカに掃除していました。『冷凍食品やレトルト食品を食卓に並べるのは子どもがかわいそう』というのが口癖で、三度の食事はもちろん、おやつやお弁当もすべて手づくりでした。手編みのセーターや手づくりの夏服も、よく着せられていました。

ですが、少しでも散らかしたり、服を汚したりすると、とたんに血相を変えて、『きれいに片づけなさい。お母さんの言う通りにしないのなら、家から追い出して施設に入れる』『服を汚さないで。言うことを聞かないのなら、もう服を買ってあげない』などと怒鳴るので、とても怖かったです。

しかも、私の友人関係にまで口を出すのです。友達を家に連れてくると決まって『お父さんは何をしておられるの?』と尋ね、大きな会社に勤めていたり、公務員だったりすると、母は気に入るようでした。しかし、答えられないとか、お父さんがいないとかいう場合、『あの子とは遊んだらだめ』と言うのです。

一番びっくりしたのは、小学三年生に上がって始業式から帰ると、母が『〇〇ちゃんと同じクラスになった?』と尋ねたので、私が『別のクラス』と答えたときです。すると、母は『前の担任の先生に、クラス替えがあったら〇〇ちゃんと同じクラスになるようにしてくださいとお願いしていたのに、聞いてくれなかったんだわ』と怒りだし、学校に電話をかけました。私は、母を止めようとしましたが、母は私の言うことなど聞かず、一方的に文句を言って、電話をガチャリと切りました。

○○ちゃんのお父さんは、父が勤めていた会社の親会社の偉いさんだったようです。だから、母としては仲よくしてほしいと思ったのでしょう。しかし、○○ちゃんは『あんたは下請けの会社の子』と言って、私を子分扱いしていたので、私はあまり好きではなく、別のクラスになって実はほっとしていたのです。

一事が万事この調子で、私を母の思い通りにしようとする傾向が強かったのですが、私は逆らえませんでした。なぜかといえば、私が少しでも口答えすると、母は『あなたのためを思って言っているのに、どうしてわからないの。あなたが何か間違ったことをするんじゃないかとお母さんは心配でたまらないの』と叫んで、涙ぐんだからです。

とくに私が小学校高学年の頃に、父が家を出て会社の若い女性と暮らすようになってから、母の束縛は一層強くなりました。中学・高校へ上がるにつれ、普通は友達とのつき合いが増え、一緒に遊びに行くものだと思いますが、私は学校が終わったらすぐ帰るよう命じられました。

それを守らず、友達と一緒にショッピングセンターをちょっとブラブラしただけでも、コーヒーを飲んで帰っただけでも、叱られました。おまけに、『そんなことをして、どれほどお母さんを苦しめているかわからないの。お母さんにとってはあなたがすべてなのよ』と泣かれました。

母は断固として離婚を拒絶し、『離婚するんだったら、社内不倫を会社にばらすわよ』と父に言っていたようです。ですから、父から生活費をもらってはいたものの、実際は母子家庭でした。母と二人きりの家庭で、『あなたがすべて』なんて言われると、返す言葉がなく、渋々従っていましたが、息が詰まるような生活でした。それで、気晴らしのために食べて吐くことを繰り返すようになり、やめられなくなったのです」

この女性は、体重が二〇キロ台にまで減少して、生命の危険があったため、一時期入院していた。入院中に、母親が別居中の父親を病院に呼びつけた。そこで、両親と面談したところ、娘の目の前で、母親は父親を「あなたが浮気なんかするから、娘がこんなことになるのよ。私は何も悪いことなんかしていないのに、どうしてこんな目に遭わなければならないの！」と責めた。すると、父親は母親に「お前が何でも自分の思い通りにしようとするから、息が詰まるんだ！」と怒鳴り返した。

もちろん、夫が会社の若い女性と浮気して家を出て行ったという点で、この母親に同情すべき余地はある。だが、「私は何も悪いことなんかしていない」という母親の主張をそのまま受け取っていいものだろうか？

娘が「間違ったことをするんじゃないか」と心配していたからとはいえ、何にでも口を出し、自分の思い通りにコントロールしようとする母親の姿勢は問題だと思う。そういう過保護・過干渉が摂食障害を発症させる一因であることは精神医学ではよく知られている。

さらに、うがった見方をすれば、几帳面で完璧主義の妻が何でも自分の思い通りにコントロールしようとする家庭で、息の詰まるような思いをしていた夫が、耐えられなくなって他の女性に走ったとも考えられる。

夫が家を出て行った後、コントロールできる対象は娘しかいなくなった。だからこそ、以前にも増して娘を支配しようとしたわけだが、その自覚がこの母親には全然ないように見える。

自覚がないからこそ、「こんなに気づかっているのに、自分の思い通りにならない」娘に腹を立て、娘の胸中に罪悪感をかき立てる言葉を吐いた。そのせいで、娘は真綿で首を絞められたような気持ちになり、母親の呪縛から逃れられない無力感と絶望感にさいなまれたはずだ。それを紛らわすには過食と嘔吐《おうと》を繰り返すしかなかったのだろう。

ルールをつくって従わせようとする親

子どもへの支配欲求が強い親は、ルールをつくって、それに従わせようとする。その典型と考えられるのが、二〇〇八年六月八日、秋葉原無差別殺傷事件を引き起こした加藤智大《ともひろ》死刑囚の母親である。

加藤死刑囚は子どもの頃、友達の家に遊びに行くことを母親から禁止されていた。自宅に友達を呼ぶことも、母親が特別に許可した一人を除いては許してもらえなかったという。そのため、彼は友達に

「僕と遊んでいたことを言わないでくれ」

と口止めしていたほどだ。

教育熱心な母親は直接勉強を指導していたようで、その様子を彼自身が携帯サイトに書き込んでいる。

〈親が周りに自分の息子を自慢したいから、完璧に仕上げたわけだ　俺が書いた作文とかは全部親の検閲が入ってたっけ〉

〈親が書いた作文で賞を取り、親が書いた絵で賞を取り、親に無理やり勉強させられてたから勉強は完璧〉

「親が書いた作文」「親が書いた絵」、そして、「親の検閲」については、弟が発表した手記から、うかがい知ることができる。(注)

「親が筆を持ち、作文や絵をかくのだと誤解されると思います。実際は、作文に関してはテーマや文章、絵に関してはやはりテーマや構図を母が指示するのです。与えられるテーマの根底にあるのは『先生ウケ』でした。私たちはまるで機械のようにそれに従って文章を書き、絵を描くのです。こうして母の狙い通り、先生たちはその文章や絵を褒めてくれました」

また、息子たちの書く作文に必ず目を通していた母親は、「『検閲』によって、私が書いた言葉を、先生ウケする言葉に書き換えました」。

さらに、完璧主義の母親は

「常に完璧なものを求めてきました。原稿用紙に作文を書くときに一文字でも間違えたり、汚い字があると、書き直しです。消しゴムなどを使って修正するのではなく、途中まで書いたものをゴミ箱に捨て、最初から書き直しになります。書いては捨て、書いては捨ての繰り返しで、一つの作文ができあがるまでに一週間近い時間がかかるのが常でした」

母親の作文指導には、「一〇秒ルール」なるものもあったという。兄弟が作文を書いている横で、母親が「検閲」をしているとき、

「この熟語を使った意図は？」

などという質問が飛んでくる。答えられずにいると、母親が

「一〇、九、八、七……」

と声に出してカウントダウンを始める。そして、〇になると、ビンタが飛んでくるのだ。ここで求められていたのは、母親好みの答えを出すことだったようだ。それでは、母親が何を求めていたのかといえば、やはり「先生ウケ」だったという。

作文指導にまつわる「検閲」や「一〇秒ルール」だけでも、母親がいかに教育熱心であったかを物語っているが、それればかりか、家庭内では徹底的な管理が行われていた。まず、「ほしいモノがあったときは常に母親に許可を取る必要」があったため、自由にモノを買うことができなかった。たとえば、本を買う際は「何がほしいかを伝える必要があり、さらに読んだ後に読書感想文を書いて母に見せなければなりませんでした」。

また、テレビは一台あったものの、自由に見るのは禁止されており、許されていた番組は、『ドラえもん』と『まんが日本昔ばなし』だけだった。テレビを見る習慣は家庭内にはなく、ニュースさえも見なかったという。

異性との交際についても、母親が異常なほど敏感で、決して許さなかった。加藤死刑囚が中学生のときに、クラスの女の子から年賀状が届き、「好き」というようなことが書かれていたのだが、その年賀状は見せしめのように冷蔵庫に貼られていた。弟が中学一年のときにも、女の子から同じようなハガキが来たのだが、母親は食事のときにそれをバンッとテーブルにたたきつけて、

「男女交際は一切許さないからね」

と言い放った。

すべてのエピソードから、母親が子どもを徹底的に監視し、自分がつくったルールに従わせようとしていた様子がうかがえる。それだけ支配欲求が強かったのだろうが、こういう姿勢が加藤死刑囚の精神面に強い影響を与えたことは想像に難《かた》くない。

もちろん、派遣社員として単純作業に従事していた自身の不本意な境遇を受け入れられず、「親のせい」「社会が悪い」などと責任転嫁した加藤死刑囚を擁護するつもりはない。ただ、これだけ徹底的に管理されていたら、自主的に新しいことを経験して学ぼうという気にはなりにくい。そのため、自分では何もできないように感じて、自信を持てなかったとしても不思議ではない。

当然、怒りも覚えただろうし、欲求不満もたまっただろう。こうした怒りや欲求不満

のはけ口がなく、加藤死刑囚の胸中でくすぶり続けていたことが、無差別大量殺人の一因になったのではないだろうか。

子どもの領域を平気で侵害する親

親の子どもへの強い支配欲求は過剰なコントロールという形で表れる。多いのは、子どもの領域を尊重せず、独りよがりの思い込みにもとづいて勝手に割り込む親である。子どもからすれば大迷惑だが、親のほうは親切のつもりでやっていることが少なくない。当然、罪悪感などみじんも抱かない。

たとえば、以前勤務していた大学で私のゼミに所属していた女子大生は、次のように訴えた。

「うちのお母さんは、私の部屋に無断で入ってきて、勝手に整理するんです。本棚の本を並べ替えたり、机の上の資料を別の場所に移動させたり。そのため、必要な本や資料がどこにあるのかわからなくなり、しょっちゅう探し回らなければならないので、『やめて』って言ったんですが、『あなたの部屋が散らかっているから、整理してあげたのよ。嫌だったら、自分できちんと整理しなさい』と言い返されました。それからも、私のいないときに勝手に整理しているみたいで、大学でもらったプリントをゴミと一緒に捨てることもあるので、困っています」

彼女の母親は、娘の抗議にも聞く耳持たずで、あくまでも娘のためによかれと思って整理しているのだろうが、娘にとっては大迷惑だ。

似たような話を、一人で暮らしている二十代の会社員の女性からも聞いたことがある。

「先週、久しぶりに有休を取って家でゆっくりしてたんですね。ちょっと朝寝坊して、朝風呂に入って出てきたら、母がいたんです。びっくりしました。母がお節介ということは子どもの頃からよくわかっているので、合い鍵は渡していなかったのですが、私が実家に帰ったときに、私のバッグから鍵を勝手に取り出して合い鍵を作ったみたいです。私が今まで知らなかっただけで、これまでも私が会社に行っている間に、合い鍵で勝手に開けて入っていたみたいなんですね。私が『お母さん、なんでこんなところにいるの！』と、ちょっと怒って言ったら、『あんたこそ、平日で会社があるはずなのに、どうして家で休んでいるの』と逆に叱られました」

この母親も、娘のマンションに勝手に入ったことに後ろめたさも罪悪感も抱いていないようだ。むしろ、一人暮らしをしている娘の安全を守るために、ときどきこっそりと入って監視するのは当然だくらいに思っているのかもしれない。

ここで紹介した母親は、両方とも支配欲求と母子一体感が強い。そのため、娘を独立した一個の人格として尊重しておらず、その領域を平気で侵害する。それに対して娘がいくら抗議しても一切聞こうとしないのは、血のつながった娘にだって母親に立ち入ってほしくない領域があることに考えが及ばないからだろう。

この手の親について相談を受けることは少なくない。

「うちの親は勝手に鞄《かばん》の中や机の中を漁《あさ》る。ノートや手紙も見る。クローゼットの中も勝手に漁っているみたいで、あったはずの物がなくなっていた」

「友達から借りていたマンガ本を、私が学校に行っている間に勝手に捨てられた。母親に聞いたら『あんなの読んでたら勉強できないでしょ。だから、あなたのために捨てた』と言われた。お小遣いももらってなかったので、弁償できなくて、その友達はそれから口をきいてくれなくなった」

このように子どもの領域を平気で侵害するのは、自分のやっていることがあくまでも正しいと信じているからだろう。もしかしたら、自分は親なのだからこれくらいのことは許されると勝手に思い込んでいるのかもしれない。このような思い込みの根底には、しばしば**「子どもは親の所有物」**という認識が潜んでいる。

子どもの気持ちよりも世間体や見栄を優先する親

我が子を自分の所有物とみなしている親は、子どもの気持ちよりも世間体や見栄を優先しがちである。

たとえば、大学病院の医局で秘書として働いている二十九歳の女性は、結婚を許してくれない両親への不満を打ち明けた。

「今の彼とは二年ほど前からつき合っています。私より一つ年上で、一カ月ほど前に結婚しようということになり、両親に話して、彼に会ってもらおうとしました。しかし、彼の職業が気に入らないということで、会おうともしません。

彼は製薬会社のMR（医薬情報担当者）で、大学病院の先生に薬の紹介や宣伝をしたり、教授に薬の治験を頼んだりするために医局によく来ていて、知り合いました。とても明るくて気さくな人で、営業に向いているなと思いました。何よりも、一緒にいて安心できるし、とても頼りになります。そういう人間的な部分に惹かれたのですが、両親は理解してくれません。

なぜ職業が気に入らないのかといえば、彼が医者ではないからです。私の父は勤務医ですが、祖父は開業医で、診療所は父の兄が継いでいます。母も医者の娘で、薬剤師の資格を持っています。親戚にも医者がたくさんいます。

こういう環境なので、私も医者か薬剤師になるように子どもの頃から言われていました。私の家は、異常なくらい教育に厳しく、医学部受験に実績のある中高一貫の進学校を受験したのですが、落ちてしまい、母から『恥ずかしくて、親戚に顔向けできない』と言われました。仕方なく、滑り止めの女子大の付属校に入り、そのまま内部進学で女子大に進んだのです。私が中学受験に失敗してから、親の期待は弟に集中するようになり、弟は中高一貫の進学校から国立大学の医学部に入って、今は研修医です。

母は、『親戚から、あなたの結婚相手はどんな人と聞かれて、MRだなんて、恥ずかしくて言えない！』と言います。おまけに『高いお金を払ってあなたをお嬢さん学校に行かせたのは無駄だった。お父さんのお友達に頼んで大学病院の医局秘書にしてもらったのは、医者と結婚させるためだったのに、なんでわからないの！　そんなところに嫁にやるために育ててきたんじゃない！』とか、すごい言い方をします。

私が何を言っても、聞く耳を持たず、結婚を認めてくれそうにありません。両親は二人ともブランド思考で、人一倍世間体を気にしているので、結婚相手を職業だけで判断するみたいです。それはよくわかっていたので、今まで本当に好きな人がいても、『いい大学を出ていないので認めてもらえないだろう』『彼の仕事は親が気に入らないだろう』などと考えて、紹介できず、別れたこともあります。

今の彼は、大きな製薬会社に勤めていて、認めてもらえるかもと思ったのですが、職業だけで判断されて、どうにもなりません。そのため精神的に参っていて、気分が落ち込んでいるのですが、弟も同じみたいです。

弟は私と違って優秀で、医者になりましたが、本当はゲームやソフトの開発をしたかったようです。理数系が得意で、ＩＴ関連の仕事に就きたかったのに、両親が許しませんでした。父は『そんな水商売みたいな仕事、絶対許さん』と言い、母は『うちの子が誰も医者にならなかったら、親戚から笑われる』と言いました。

そのため、弟は仕方なく医者になりました。しかし、患者さんと話すのがあまり得意ではなく、自分は本当に医者に向いているのかと悩んでいるようです。臨床医ではなく、基礎医学の研究者になろうかとも考えて、父に相談したところ、『基礎の研究者なんて食えないぞ。うちの親戚は金持ちばかりだから、肩身が狭い』と反対されたとか。

私も弟も恵まれた家庭で育ったように見えるかもしれませんが、世間体や見栄を優先する両親のせいで、鬱屈《うっくつ》した日々を過ごしています。二人で『こんな家に生まれたくなかった』と言い合っています」

このように子どもの気持ちよりも世間体や見栄を優先する親が本性を現すのが、進学と結婚という節目である。

「中学受験に失敗したときに、母から『恥ずかしくて、近所を歩けない』と言われた」
「高校受験で公立に落ちて、私立に通うことになってしまい、父から『うちの家系はみな国公立なのに、恥ずかしい』と言われた」
という類いの話を聞くことも少なくない。

世間体を気にして結婚式にこだわる親

結婚に関しては、この女性のように世間体を重んじる両親に結婚相手を認めてもらえないという以外に、結婚自体は許してもらえても、結婚式を挙げるか、挙げないか、どういう結婚式を挙げるかで揉めることが結構あるようだ。

たとえば、三十代後半の女性は、次のような悩みを訴えた。

「彼と出会ったのは一年前のことです。お互いの価値観がぴったり合っていて、これ以上相性のいい相手はいないと思い、結婚を決意しました。

私も彼も、派手なことが嫌いな性格。アラフォーなんて、純白のウェディングドレスが似合う歳でもありません。豪華な結婚式にお金を使うくらいなら、旅行か何かに使うほうがよほどいい。そう思い、籍だけ入れることで意見が一致したのです。

母は、結婚そのものには賛成してくれました。ところが、結婚はするが、結婚式はしないと告げた瞬間、母は怒りだしました。『私は、あなたが生まれてから今まで三十年以上、一人娘の花嫁姿だけが楽しみで生きてきたのに。それに、結婚式をしないと言ったら、親戚から何と言われるか、考えてみたことあるの？　これまでも、あなたがなかなか結婚しなかったせいで、親戚のおばさんからいろいろ言われてきたのよ。結婚式を挙げなかったら、親が恥をかく』と言われました。

私は、母がこれほど怒るとは思っていなかったので、本当に驚きました。どうせお金を使うなら、結婚式より、もっと実質的なものに使いたいと母には伝えました。でも、母は耳を傾けようとしません。

それどころか、『私はあなたの花嫁姿を楽しみに、いろいろなことを犠牲にしてきたのに……』『式を挙げなければ、ちゃんとした結婚だと世間から認められないでしょう。あなたたちが後ろ指をさされないために、挙式したほうがいいんじゃないかしら』などと、何度も繰り返すのです。

両親に私以外の子どもはいません。ですから、『娘の花嫁姿を見たい』という母の期待を裏切るのは心が痛みますが、世間体を考えて結婚式を挙げろと言っているようにも聞こえるのです。第一、自分たちが望んでいない式を挙げることには抵抗があり、どうしたらいいか悩んでいます」

この女性の話には、母親がよく使う決まり文句が二つ登場する。一つは、**「あなたのためにいろいろなことを犠牲にしてきた」**という言葉である。

たしかに、子どもを育てるのは大変だ。とくに母親は、かなりの手間とコストをかけて子育てをする。おっぱいを与え、おむつを替え、食事をつくって身の回りの世話をして……。不妊治療で苦労した母親もいるかもしれないし、出産・子育てのために望んでいたキャリアを諦めた母親もいるかもしれない。乳幼児期を過ぎても、苦労は絶えない。日常生活の世話から学費の工面まで、母親はいろいろと骨を折ってきたのだ。

だから、母親の「あなたのためにいろいろなことを犠牲にしてきた」という言葉は決して嘘ではない。だが、それをことさら強調するのは、子どもの胸中に「ここまでしてくれた母親を裏切るのは申し訳ない」という罪悪感をかき立てるためではないかと勘繰らずにはいられない。

もちろん、そういう意図を自覚していない母親のほうが圧倒的に多い。出産後に子宮を摘出しなければならなかったとか、産後うつになってしまったとかいう話をする母親もいる。もしかしたら、子どものために健康を犠牲にしたことを持ち出して、罪悪感をかき立てようとしているのかもしれない。

もう一つの決まり文句は、**「私ではなくあなたのためを思うからこそ、こうするのがいい」**という言葉だ。

本当は、盛大な結婚式を開くことで、「私は娘をこんなに立派に育て上げた」と自慢し、親戚から認めてもらいたいと思ったのだとしても、自己顕示欲や承認欲求が自分の中にあることを母親は認めたくない。

子どもに無償の愛を捧げるのが「良い母親」という〝神話〟があるので、自分自身の利己的な欲望から娘に結婚式を挙げるよう求めるのは「悪い母親」ということになるが、自分が「悪い母親」だとは決して思いたくないからだ。だから、「結婚式を挙げることが娘のためだ」と思い込んで、自分自身の欲望から目をそむけようとする。

つまり、自己欺瞞《じこぎまん》である。本当は自己顕示欲や承認欲求のために「こうするのがいい」と子どもに忠告する母親の多くは、この自己欺瞞によって「こうすることが子どものためだ」と思い込んでいる。

しかも、子どもの幸福＝母親の幸福と信じて疑わない。十カ月間子どもを自分のお腹の中で育《はぐく》んだ母親にとって、子どもは自分の分身であり、子どもの幸福＝母親の幸福と思い込むのも無理からぬことだ。だが、子どもが成長していくにつれて、子どもの幸福は母親の幸福と必ずしも一致しなくなる。

これは当然で、いつまでも子どもの幸福＝母親の幸福だったら、相当強い母子一体感で結ばれている可能性が高い。自立していこうとする子どもにとって、いつまでも子どもが側にいて自分を必要とすることが幸福と感じる母親は、子どもの自立を妨げ、ひいては幸福の邪魔をする存在になりかねない。その危険性を認識できない母親ほど、自分がいいと思うことは子どもにとってもいいはずと信じて、自分自身の価値観を平気で子どもに押しつける。

こういう母親は、「あなたのためにいろいろなことを犠牲にしてきた」「私ではなくあなたのためを思うからこそ、こうするのがいい」という決まり文句以外に、次のような言葉をしばしば口にする。

「お母さんの言っていることが正しいと、そのうちわかるわよ」

「あなたが〜してくれることだけが、私の生きがいなの」

この手の言葉を聞いたら、母親が自分自身の価値観を押しつけ、子どもを自分の思い通りにしようとしているのではないかと警戒すべきである。

結婚を迫って頭痛を起こさせる親

自分自身の価値観を押しつける点では、「結婚するのが当たり前」という価値観を疑わず、子どもに結婚を迫る親も同様だろう。そのせいで、心身に不調をきたす子どももいる。

たとえば、私が定期的にメンタルヘルスの相談に乗っている金融機関で、三十代の独身女性が次のような悩みを打ち明けた。

「実家があるのは、大阪近郊の地方都市です。その地域には、女性は若いうちに結婚し、子どもを産むのが当たり前という雰囲気があります。私の母も、そうした考え方に染まっている一人です。

私が三十歳を過ぎた頃、従姉妹や、母の友人の子などが立て続けに結婚しました。その頃から、母が私に対して『どうして早く結婚しないの！　まわりは皆、家庭を持っているのよ！』とプレッシャーをかけてくるようになりました。

実は、私には結婚する気がありません。その原因は母です。母は専業主婦なのですが、『私に経済力があったら、すぐにお父さんとは離婚するのに』と愚痴ばかりこぼしていました。その姿を見ているうちに、結婚などせず、仕事を続けて自活するほうがいいと思うようになったのです。

でも、『お母さんみたいになりたくないから結婚はしない』と本音を言ってしまったら、母を傷つけるのは目に見えています。そこで、少し距離を置こうと思って一人暮らしを始めたのです。

ところが、母は私の元に電話をかけてきては、結婚を強硬に勧めます。そのたびに、急に頭が痛みだすのです。母と完全に縁を切りたいと思うこともありますが、現実問題として無理。今後、母とどのようにつき合ったらいいのか悩んでいます」

この女性の母親は、結婚生活に不満を感じている。にもかかわらず、娘には早く結婚するよう勧めている。一見矛盾しているようだが、こういうことはよくある。その背景には「自分の人生は正しかった」と思いたい気持ち、つまり**自己正当化したい欲望**が潜んでいる。

こうした自己正当化の欲望は、誰にでも多かれ少なかれある。仕事に不満を抱きながらも、子どもに跡を継いでほしいとか、自分と同じ職業に就かせたいとか親が願うのは、この欲望による。

「自分の人生は正しかった」と思いたいのが人間という生き物であり、この女性の母親も、愚痴ばかりこぼしていても、結婚して子どもを育ててきたこれまでの生き方を全否定したくはないのだろう。だから、娘にも結婚して家庭を築いてほしいと願い、しつこく電話をかけて、結婚を強硬に勧めるのだ。

問題は、娘が結婚しない原因をつくったのは当の母親なのに、その自覚がまったくないことだ。こういう母親の話を聞くことは少なくない。たとえば、四十代の公務員の男性は次のように訴えた。

「僕がなかなか結婚しないことで、母は肩身が狭いらしく、最近知り合いや親戚に若い女性を紹介してくれるように頼んでいるようです。なぜ若い女性かというと、跡継ぎになる子どもを産めないと困るからだとか。

でも、僕はもう結婚する気がありません。これまで母にさんざん結婚を邪魔されてきたので、妻になる女性が苦労するのはわかっているからです。学生時代、彼女を家に連れてくるたびに嫌みを言われ、結局別れました。

公務員になってからも、結婚を真剣に考えた同僚の女性がいたのに、母が『仕事を辞めて専業主婦になってほしい』『同居でないと絶対だめ』と要求したため、その女性は恐れをなして『ああいうお母さんとはやっていけない』と言い、別の男性と結婚しました。

このような事情があるので、たとえ誰かが若い女性を紹介してくれても、うちの母がいろいろいちゃもんをつけると思います。それなのに、僕が結婚しないことで愚痴をこぼし、『早く結婚して』と口うるさく言うので、困っています」

この男性の母親は、息子に口では「早く結婚して」と言いながら、内心では息子が結婚したら自分から離れていくのではないかと不安を募らせているのだろう。だから、息子の結婚の邪魔をするようなことばかりしているのだが、その自覚はないようだ。このように子どもの幸福を妨げておきながら、それに気づいていない親が一番厄介である。

お金で支配しようとする親

子どもへの支配欲求が強い親は、すぐお金を持ち出すことが少なくない。**「誰がお金を出していると思っているんだ」「誰が食べさせてやっていると思っているんだ」**という言い方で、子どもの口答えを封じ込もうとする。

こういう親の主張は、ある意味では正論である。たしかに、食べ物や服をはじめとして必要な物すべてを子どもに与えているのは親なのだから。ただ、親には子どもを養育する義務があるはずだ。また、子どもはお金を稼ぐことができないので、経済的に親に依存するしかない。にもかかわらず、すぐお金の話をして、恩着せがましい態度を示すのは、子どもからすれば攻撃以外の何物でもないだろう。

私自身、何かというとお金の話を持ち出す親に子どもの頃から悩まされてきた。三、四歳の頃からピアノを習っていた。というか、大学時代にオーケストラでバイオリンを弾いていたとかで、自称〝モーツァルト狂い〟の父の希望で習わされていた。だが、自分に才能がないことはよくわかっていたし、ろくに練習しなかったので、週に一度のレッスン日が嫌で仕方なかった。

当然、上達するはずがなく、ピアノの先生によく怒られたものだ。ピアノのレッスンの日は父が車で迎えにきたのだが、帰りの車の中で「高いお金を出して習わせているのに、全然うまくならない。お金がもったいない」と言われて、ものすごく傷ついた。

父は、「高いレッスン料を払っているのだから、もっと頑張って練習しろ」と励ますつもりで言ったのかもしれない。だが、お金の話を持ち出されたことで、お金に見合うだけの価値が自分にはないと告げられたように感じた。今時の言葉でいえば「コスパ

（コストパフォーマンス）が悪い」と責められたと思ったのかもしれない。

まして、自分の希望でピアノを習っていたわけではなく、親の希望で習わされていたので、「なぜ、こんなことを言われなければならないのか」と腹が立ったことをいまだに覚えている。

進路選択の際も、両親からお金を持ち出された。私は、文学部に進んで新聞記者か作家になることを夢見ていたのだが、両親は決して許さなかった。「医者になれ」の一点張りで、「文学部なんか一文にもならない」と猛反対された。

父も母も医者ではない。継ぐべき医院や病院があるわけでもない。それなのに、両親が私を医者にすることに固執《こしつ》したのは、二つの理由によると私は考えている。一つは、経済的な理由である。田舎でお金持ちというと医者くらいしかいないので、医者になって開業してバンバン稼いでほしいと思ったのだろう。

もう一つの理由として考えられるのは、父の兄（私にとっては伯父）を見返したいという願望だ。父は子どもの頃は優秀だったらしいが、就職した会社が倒産したせいで、田舎の実家に帰り、小さな会社に勤めて鬱屈した日々を過ごしていた。一方、伯父は都会の大企業に勤め、裕福な生活を送っていた。だから、父には、伯父に対する羨望《せんぼう》とコンプレックスがあったようだ。しかも、それに拍車をかけるように、同居していた父方の祖母が父と伯父を比較して「やはり大きな会社に勤めたほうがいい」と口癖のように言ったものだ。

そんな父にとって、千載一遇《せんざいいちぐう》ともいえる敗者復活のチャンスがやってきた。伯父の息子（私にとっては従兄）が国立大学の医学部を受験したのだが、二浪してもだめだったのだ。私立大学の医学部には合格したものの、学費がサラリーマンの伯父には無理な額だったので、諦めざるを得ず、結局私立大学の理工系の学部に進んだ。

その頃から、両親が私に医学部受験を勧めるようになったことから考えて、従兄がかなえられなかった医学部入学の夢を娘に実現させて、伯父を見返したいという欲望を抱いた可能性が高い。母も同様の欲望を抱いたのは、名家の出身である伯父の妻とことあるごとに比較する祖母のせいで、コンプレックスにさいなまれていたからだろう。

以上の理由から、両親は私の医学部進学を切望した。私が文学部に進みたいという希望を伝えても、聞く耳を持たなかった。最後には、「医学部に行かないんだったら、学費を出さない」と言いだし、結局医学部を目指すことになった。

そのため理系のクラスに入り、一生懸命勉強して医学部を受験し、無事合格した。ところが、合格通知が届いたときも、母の一言で私は打ちのめされた。母は満面に笑みを浮かべながら「これでいい金づるができた」と言ったのだ。

おそらく本音が思わず出たのだろう。医学部に合格した私は、母にとって「金づる」なのかと思い、喜びが吹き飛んだ気がした。その後、医者になってから、母が私に内緒で開業するための土地を探していたことを祖母から聞いた。

母と祖母は、よくある嫁姑《よめしゅうとめ》の関係で、犬猿の仲だったので、祖母は母の悪口しか言わなかった。だから、祖母が母について話すときは話半分に聞く必要があったのだが、この話は親戚に確認したところ本当だった。そのため、私は背筋が寒くなった。そういうこともあって、私は開業せず、今日に至っている。私を「金づる」とみなした母に対するささやかな抵抗である。

私の両親のように学費を出さないと脅すことによって子どもを支配しようとする親の話は、ときどき耳にする。たとえば、知り合いの医者は、次のような話をしてくれた。

「実家が開業医だったので、唯一の男の子だった僕が継ぐのが当たり前みたいに思われていた。そのためには、医者にならなければならないが、僕は本当は映画監督になりたかった。だから、映画学科のある大学に進みたかった。しかし、そう言ったら、父から『お前は何を考えているんだ。うちは三代続いた医院だ。医者の息子が医者になるのは当たり前だろう。映画学科のようなレベルの低いところに行くんだったら、学費は出さん』と言われた。たしかに、映画学科は、医学部ほど偏差値が高いわけではないけれど、僕としては真面目に映画を学びたかった。しかし、学費を出さないと言われたら、どうにもならない。だから、医学部を受験した」

彼は、医学部に入ってからも、映画のシナリオの書き方を学ぶ講座に通っていたが、勉強や実習で忙しくなり、中断したようだ。結局、医者になり、映画監督になる夢はかなえられなかった。現在は勤務医だが、高齢の父親から「そろそろ戻ってきて、跡を継いでくれ」と言われているらしい。

この医者もそうだが、「学費を出さない」と言われたら、子どもとしては親の意向に従うしかない。「そんなのは甘えている。親に頼らず、奨学金とアルバイトで大学に行けばいい」という意見もあるかもしれないが、実家を出て、親からの援助なしに大学の学費や教科書代、生活費や家賃などを捻出するのは実際にはかなり難しい。

だからこそ、「学費を出さない」という親の脅しが効くのだろう。もっとも、そのせいで進路選択の際に親の意向に従うしかなく、「自分の人生はこれでよかったのだろうか」と悩んでいる医者が私の周囲には少なくない。かつては私自身もそうだったので、「類は友を呼ぶ」ということなのかもしれない。

子どもを罵倒する親

子どもの頃親に罵倒されて育ち、それがトラウマになっているという話もしばしば聞く。たとえば、三十代のシングルマザーの女性は、「カーッとなると自分を抑えられず、子どもを怒鳴りつけてしまう。手が出ることもある。そのうち虐待するのではないかと不安」と保育士に相談し、勧められて私の外来を受診した。この女性は、次のように訴えた。

「私の母は、自分の気に入らないことがあると、すぐにかんしゃくを起こして私を怒鳴りつける人でした。ちょっとしたことで人が変わったように怒りだすので、私はいつもビクビクして、母の顔色をうかがいながら生活していました。

たとえば、私が母の言うことを聞かないと、『イライラするから出て行け』とヒステリックに言われ、教科書やランドセルをベランダから投げられました。私が少しでも口答えすると、母は『子どものくせに親に逆らうな』『あんたなんかいないほうが楽だ』などと叫ぶので、逆らえませんでした。

また、母は教育熱心で、子どもの頃テレビで許されていたのはニュース番組くらい。歌番組やお笑い番組を見ていると、『こんなの下らない』とすぐに消されました。学校の成績が悪いと、激しく怒鳴られたものです。中学の定期試験で成績が落ちたときは、母から分厚い参考書を投げつけられ、それが額に当たって血が出ました。

それから二十年以上経ち、私も母親になりました。ですが、夫が勤めていた会社を突然辞めて飲食店を開いたものの、うまくいかず、何百万円もの借金をつくったため、離婚しました。

その報告のために実家に帰ったら、母から『だから、あんたはだめなのよ。旦那が借金をつくって離婚だなんて、いい恥さらしよ。うちの親戚で離婚した人なんかいないわ。男を見る目がないからそうなるのよ。借金の取り立てがうちまで来ないようにしてね』と罵倒されました。

それ以来、実家には帰らず、ほぼ絶縁状態です。別れた夫から慰謝料も養育費ももらえなかったので、子どもを保育所に預けて働いています。実家に帰って子どもの面倒を見てもらったらと勧める人もいますが、母に何を言われるかわからないので、絶対嫌です。

今は母の怒鳴り声を聞かずにすんでいるのですが、私自身が息子二人をほぼ毎日怒鳴りつけています。散らかしたままで片づけないとか、私の言うことを聞かないとか、理由はいろいろあるのですが、自分が怒鳴っている声を聞いて、母とそっくりだわと思い、怖くなりました」

このように子どもを罵倒する親は、感情のコントロールができないことが多い。そのうえ、自分は親なのだから、子どもに何を言っても許されると思い込んでおり、自分の言葉がどれだけ子どもを傷つけるかに想像力を働かせることもできない。だから、信じられないような言葉で子どもを怒鳴りつける。

「あんたなんか産むんじゃなかった」

「あんたがいなければ、お母さんはお父さんと離婚できて幸せになれたのに」

「何やってるんだ。そんなことをするなんて、お前バカじゃないのか」

「お前みたいな役立たず、死ね」

しかも、こういう暴言を吐かれて育った子どもが、成長して親になってから同じような言葉で我が子を罵倒することも少なくない。こうして言葉の暴力による心理的虐待が連鎖していく。

子どもに必要なものを与えない親

子どもに必要なものを与えない親もいる。最も深刻なのは、生存に不可欠な食べものを与えない親で、そういう親に育てられた患者の話を聞くことも少なくない。たとえば、パニック障害で通院中の二十代の男性は自分自身の生い立ちについて次のように語った。

「僕は、母一人子一人の家庭で育ちました。親父は、僕が小学校低学年のときにギャンブルで借金をつくって家を出て行きました。親父がいなくなってからしばらくの間、借金の取り立ての人が家に来て怖かったのを覚えています。

その後、母は一日中お酒を飲むようになり、料理も洗濯も掃除もしませんでした。家に食べるものがないので、一日一食給食で飢えをしのいでいました。担任の先生も僕の事情を理解して、余ったパンを僕にくれたのですが、持って帰る途中、いじめっ子にパンを地面にたたきつけられ、足で踏まれたこともあります。そのうえ、いつも同じ服で、洗濯もしてもらえなかったので、『臭い』といじめられました。

近所の人が見るに見かねて、民生委員に相談してくれ、生活保護を受けられるようになったのですが、母は相変わらず酒浸りで、料理を一切しませんでした。だから、お金をもらって自分でスーパーに行き、菓子パンやカップラーメンを買って食べていました。

中学生になると、僕が自分で料理をするようになりました。米や野菜などを買ってきて、最低限ご飯と味噌汁だけはつくるようになったのです。

しかし、母は口にせず、お酒ばかり飲んでいました。こんな生活をしていたら、体を壊すのは当然で、母は僕が高校生のときに肝硬変《かんこうへん》によってできた食道静脈瘤《しょくどうじょうみゃくりゅう》が破裂し、血を吐いて亡くなりました。そのときの光景を思い出すたびに、胸がドキドキして、息が苦しくなり、死ぬのではないかという不安に襲われるのです」

壮絶な体験である。この男性の母親はおそらくアルコール依存症だったのだろう。そのせいでネグレクト（育児放棄）が当たり前の家庭で育ったので、食べものを自分で調達するしかなかったわけだ。

この母親は明らかに身体的にも精神的にも病《や》んでいるし、貧困家庭である。ところが、親が病気でもなく、家庭が貧しいわけでもないのに、子どもに必要なものを与えない親の話を聞くことも少なくない。

女性で多いのは、ブラジャーを買ってもらえなかったという話である。実は、私も中学生の頃ブラジャーを買ってもらえず、「ブラウスから透けて見えていると男子が笑っていた」と友人から言われて、自分の小遣いであわてて買った苦い思い出がある。

精神科医になってから、女性患者から「ブラジャーを買ってもらえず、恥ずかしい思いをした」という話を聞く機会が少なからずあった。また、摂食障害の娘を持つ母親から「中学生のときにブラジャーを買ってあげなかったことで娘から責められて困っている」と相談を受けたこともある。

以上のことから、ブラジャーを買わない親、そしてそういう親のせいで恥ずかしい思いをして、大人になっても親を恨んでいる娘はかなりいると考えられる。これは、娘が〝女〟として成熟した身体を持つようになったことを受け入れられない親が多いからではないだろうか。

兄弟姉妹で格差をつける親

必要なものを与えないという仕打ちを兄弟姉妹のうち誰か一人にだけする親もいるようだ。たとえば、次のような話を聞いたことがある。

「私は弁当をつくってもらったことなど一度もないが、弟も妹もつくってもらっていた」

「父が出張でいなかったとき、テーブルに母と弟の分のご飯しか並んでいなかった」

「兄は習い事にも塾にも通っていたけど、僕はどこにも通わせてもらえず、学校から帰ったらすぐ家の手伝いをさせられた」

このように兄弟姉妹で格差をつけることが子どもの心を傷つけ、後々まで禍根《かこん》を残すこともある。

その典型のように見えるのが、二〇一八年六月、走行中の東海道新幹線車内で男女三人が刃物で襲われ男性一人が死亡した事件で、現行犯逮捕され、その後殺人罪などで起訴された犯行当時二十二歳の小島一朗被告である。

小島被告は動機について「刑務所に入りたかった。無期懲役を狙っていた」「誰でもいいから殺そうと思った」などと供述した。なぜこんな身勝手な動機から犯行に及んだのかと理解に苦しむが、犯行に至るまでの小島被告の人生を振り返ると、その底にくすぶっていた親への怒りと欲求不満が見えてくる。

小島被告は、五歳の頃、児童保育所から発達障害の一種である「アスペルガー症候群」の疑いを指摘されたのに、母親は「そんなの大きくなれば治る」と病院に通わせず、放置していた。十四歳のときに小島被告が自ら病院に行こうとしたが、薬代が高いからという理由で母親はお金を渡さなかったという（『週刊文春』二〇一八年六月二十一日号）。

やがて、決定的ともいえる騒動が起こる。中二の新学期に母親が姉には新品の水筒を与えたのに、小島被告には貰い物の水筒を与えたところ、その日の夜中に両親の寝室に入ってきて包丁と金槌を投げつけた。小島被告は、駆けつけた警察官に「新品の水筒を貰ったお姉ちゃんとの格差に腹が立った」と語ったという（同誌）。

水筒をめぐる不満は氷山の一角にすぎず、こうした格差を小島被告は常日頃から感じていたのではないか。この騒動をきっかけにして、小島被告は自立支援施設で暮らすようになり、この施設から定時制高校に通い、さらに職業訓練校に進んだようだ。思春期の多感な時期に施設で五年間集団生活を送らざるを得なかったことで、親から捨てられたように感じた可能性も十分考えられる。

もちろん、すべてを親のせいにするつもりはない。だが、小島被告が常日頃から感じていた姉との格差が被害者意識を生み、それによる怒りと欲求不満が犯行の背景にあったことは否定しがたい。

〝愛玩子〟をすぐ変える親

小島被告の家庭では、姉が親からかわいがられ、お金をかけてもらえる子だったのに対して、小島被告は親からかわいがられず、お金もかけてもらえない子だったように見える。このように兄弟姉妹で親から差別される場合、ネット上のスラングで前者を〝愛玩子〟、後者を〝搾取子〟と呼ぶことを最近知った。

精神科の診察室で患者から、「自分はずっと〝搾取子〟だったので、親を恨んでいるのですが、そのことについて親に何も言えません。そのため、もんもんとしています。どうしたらいいでしょうか」と相談を受けたこともある。だから、精神科医としての臨床経験からも、〝愛玩子〟と〝搾取子〟という対比は的確だと思うのだが、〝愛玩子〟だからといって幸福とは限らない。

問題は、すぐ〝愛玩子〟を変える親である。こういう親を持つと、自分は〝搾取子〟だからと諦め、それなりに安定していたのに、〝愛玩子〟だった兄弟姉妹が親の思い通りにならなくなったため、親の関心が急に自分に向けられるようになり、当惑することもあるようだ。

たとえば、二十代の女性は、実家で両親と暮らしているが、「三歳年上の姉が結婚して家を出てから、母親の関心が自分に向くようになり、息苦しくなった」と訴え、その理由について次のように説明した。

「姉は子どもの頃から成績が良く、学級委員も務めるなど活躍していました。両親からの期待も、とても大きかったと思います。一方、私の成績は平凡で、学校でも目立たないタイプでした。

学習塾やピアノ教室に通うときは、姉は授業料の高いレッスンを受け、私は安いコースに通うのが常でした。服やおもちゃも、姉のお下がりをもらうことが多かった記憶があります。

小学校の授業参観日には、忘れられない出来事がありました。その日、私は母が授業参観で来校している姿を見たのです。ところが、母は私の教室には一度も立ち寄りませんでした。どうやら姉の授業だけを見て、こちらの教室に立ち寄る時間がなくなったらしいのです。子ども心に、かなりショックでした。

姉は大学卒業後、一流企業として知られる商社に総合職として就職しました。母は親戚中に電話をかけ、自慢したものです。私も大学を出て、それなりに名の通った企業に就職したのですが、母の関心は相変わらず姉に向いたままでした。

転機が訪れたのは昨年のことです。姉が突然、マレーシア人の男性を自宅に連れてきて、結婚したいと言いました。父も反対はしましたが、母の反対は父とは比べものにならないほどすさまじいものでした。姉と男性に向かって怒鳴り散らし、ものを投げつけて、最後には号泣してしまったのです。

母は最後まで、姉の結婚を許しませんでした。姉は家を出て、そのマレーシア人男性と結婚しました。私とはときどきメールのやり取りをしていますが、母にはほとんど連絡していないようです。

するといきなり、母の関心が私に向くようになったのです。一緒に買い物に出かけると、高い服などを買い与えてくれるようになりました。また先日は、レッスン料を負担するから、料理教室に通わないかと私に勧めてきたのです。

母が私を大切にしてくれるのは、とてもうれしいです。その反面、私は急に息苦しさを感じるようにもなったのです。何よりも、姉が結婚するまでは私をないがしろにしていました。そういう母、授業参観日に私の教室に来なかったこともある母に対する怒りがこみ上げてきます。

ですから、母に『今さら何よ！　これまでのこと覚えてるの？　私がどれだけ傷ついたか、わかってるの？　ちゃんと謝りなさいよ！』と叫びたくなるのです」

この母親にとって、最近まで姉は〝愛玩子〟、妹は〝搾取子〟だったと考えられる。だが、姉の結婚を契機に、母親は妹を〝愛玩子〟として大切にすることにしたようだ。これは、この母親にとって重要なのが、子育ての成功を実感でき、優越感を感じられる子どもを持つことだからだろう。

これまでは、母親のしつけや教育が優れていたことを示す生き証人は姉だったのだが、マレーシア人と結婚したことによって、母親からすれば理想像から外れてしまった。そこで、ある意味では仕方なく、妹を〝愛玩子〟として、高い服を買い与えたり、料理教室に通うことを勧めたりするようになった。何のためかといえば、妹が女子力を磨いて、母親の眼鏡にかなう男性と結婚し、母親が自慢できるようにするためである。

〝愛玩子〟を援助するよう〝搾取子〟に頼む親

この女性の場合、かつては〝愛玩子〟だった姉が親の期待の対象ではなくなったし、経済的にも自立しているので、姉への経済的援助を親から頼まれることはない。だが、〝愛玩子〟が経済的に自立できず、それどころか困窮している場合、親が〝搾取子〟に経済的援助を頼むことがある。

たとえば、三十代のサラリーマンの男性は、高学歴だが無職の兄について次のような愚痴をこぼした。

「僕は二人兄弟で、二歳年上の兄がいます。兄は優秀で、中高一貫の進学校から、東京の名門私立大学に進学しました。国立大学の大学院にも進んで、博士課程まで行き、博士号を取得しています。兄が博士号を取ったとき、母は親戚中に電話して、自慢しました。

一方、僕は親からいつも兄と比べられ、『できが悪い』と言われていました。そのため、兄のように中学受験をせず、地元の公立中学から公立高校に進みました。大学も家から通える公立大学でした。兄に相当教育費を使っていたので、お金がそれほどなかったのでしょうが、差がありすぎるなと思ったものです。

大学を卒業してからは、それほど大きくない地元の会社に就職し、結婚して実家を出ました。子どもも二人います。

事情が変わったのは最近です。兄は博士号を取得したものの、大学に常勤のポストを見つけられず、ずっと非常勤講師をしていました。もちろん、それで食べていけるわけがなく、両親が仕送りをしていたようです。四十歳近くになるまでですよ。しかし、父が定年退職して年金生活になったため、仕送りを続けるのが難しくなりました。また、兄も、大学から突然雇い止めを通告されて非常勤講師の職を失ったらしく、経済的にかなり苦しいらしいです。

そのため、兄は母にSOSを送っているようで、母が急に僕にすり寄ってきました。妻が出かけているときを見計らって、うちまで来て『お前だけが頼り』と言いだし、『お父さんも年金生活で苦しいから、援助してくれないか』と頼むのです。

僕が両親に渡すお金は、おそらく兄への仕送りに使われるでしょう。そんなことのために大事なお金を使ってほしくありません。第一子どもも二人いて、これから教育費もかかるので、余裕がないんです。

子どもの頃から兄と差別され、『できが悪い』と言われ続けてきました。それなのに、その僕に援助を頼むなんて筋違いだと思います。ですから、『うちも苦しいので、無理だ。ごめん』と言いました。すると、母は『育ててやった恩を忘れて、親が困っているときに助けてもくれないなんて、やはりお前はできが悪い』と悪態をついて帰りました」

この男性の兄は、両親にとっていまだに〝希望の星〟なのだろう。もうすぐ四十歳で無職でも、いい大学を出て博士号まで取得しているのだから、この先名門大学にポストを見つけ、教授になるかもしれない。その期待があるので、両親はこれまで仕送りを続けてきた。それが無理になったから、今度は弟のほうに援助を要求したわけだ。

ただ、厳しい言い方だが、いくら博士号を持っていても、三十五歳を過ぎると大学で常勤ポストを見つけるのはかなり難しくなる。だから、この男性の兄も無職のままという可能性もある。

そうなれば、結局親兄弟が援助するしかないわけだが、これまで〝搾取子〟として鬱屈した思いを抱えていた弟としては、経済的援助をする気にはならないだろう。

ところが、経済的援助を頼まれると、親から必要とされていると感じる人もいるようだ。そのため、お金を渡してしまい、後々困るようになることも少なくない。たとえば、三十代の女性は次のような悩みを打ち明けた。

「姉はきれいなので、親から甘やかされて育ちました。お嬢さん大学を出て、エリートの男性と結婚しましたが、すごくわがままでプライドが高いので、一年と持たず出戻りました。会社なんか勤められるわけがありません。実家暮らしで、母と二人でグルメ旅行に行ったり、ブランドものを買いあさったりしていましたけど、父が亡くなってからお金が続かなくなったみたいです。

一方、私は母から『不細工。整形したら』と言われて育ちました。高卒で就職し、地道に働き、普通のサラリーマンと結婚して、子どもも生まれました。平穏に暮らしていたら、突然母が来て、『困っているから、経済的に援助してくれ』と言いました。どの口で言うのかと思ったけど、『母に頼りにされている』というのがうれしくて、何万円か渡しました。そしたら、しょっちゅう来るようになり、困っています」

このように親から愛されなかったという思いを抱えている〝搾取子〟は、親から経済的援助を頼まれると、それを自分が必要とされている証《あかし》のように受け止めやすい。これは、親に愛されたい、認められたいという承認欲求が人一倍強いからだが、それに親がつけ込むこともあるので、要注意である。

（注）この弟は、後に二十八歳で自殺している。

第二章

なぜ子どもを攻撃するのか

この章では、なぜ親が我が子を攻撃するのかを分析し、その精神構造を明らかにする。

支配欲求

子どもを攻撃する親の心の奥底にはしばしば支配欲求が潜んでいる。もちろん、子どもを自分の思い通りにしようとする支配欲求の強い親は、昔からいた。むしろ一昔前のほうが、親子間の支配・被支配関係が明らかな家庭は多かったのではないか。

それこそ昔の日本では、貧しさから息子を奉公に出すこともあったし、娘を遊郭に売ることもあった。子どもを単なる労働力とみなし、学校にも通わせずにこき使うようなことも少なくなかったはずだ。

こうした「あからさまな支配」は、今ではあまり見かけなくなった。一応、子どもの自由や個性を尊重するという建前になっている。ところが、表面的には問題がないように見えても、親が真綿で首を絞めるように子どもを支配している家庭が実は少なくない。精神科医として長年さまざまな親子の相談に乗ってきて、**親による子どもの支配が以前よりも巧妙になっている印象を受ける。**

このように親が子どもを支配する関係は、他人同士の場合と比べて厄介だ。その理由は次の二つである。

まず、親から逃げるのは難しい。

たとえば、あなたがパワハラ上司に支配されているとしよう。どうしても耐えられなければ、最終的には会社を辞めればすむ。もちろん、給料をもらえなくなったら生活できなくなるので困るとか、仕事そのものにはやりがいを感じているので続けたいとかいう葛藤《かっとう》にさいなまれて悩むかもしれない。だが、上司のパワハラでうつ病になったり自殺に追い込まれたりするよりは、退職してすっきりするほうがいいはずで、そういう決断を下せば、パワハラ上司から逃げられる。

それに対して、親から逃げるのはずっと難しい。幼い子どもには、まず無理だ。また、ある程度成長しても、生活していけるだけのお金を稼ぐことができなければ、経済的に親に依存せざるを得ない。つまり、子どもはある時期まで親の庇護を必要とし、どうしても親に依存するしかないからこそ、親に支配されやすい。その結果、逃げ場がない状況に追い込まれることもある。

しかも、困ったことに、こうした親に支配された状況から子どもが逃げだそうとすると、支配欲求の強い親は敏感に察知する。そして、あの手この手で自立を阻《はば》もうとする。親から離れていこうとする子どもに向かって、「これまで育ててやったのに、その恩を忘れたのか」と恩着せがましく罵倒することもあれば、「お母さんを捨てるのね」と涙を浮かべながら泣き落としにかかることもあるだろう。いずれも、親から離れて自立しようとする子どもの胸中に罪悪感をかき立てるためだ。

また、就職や結婚を契機に、やっとの思いで親から逃げられたとしても、失業や出産などをきっかけにして再び親とつき合わざるを得なくなる場合もある。だから、離婚すれば配偶者による支配から逃げられる夫婦と比べて、親子の関係を解消するのは難しい。

「血は水よりも濃い」という言葉があるように、血のつながりからはなかなか逃げられない。しかも、支配欲求の強い親ほど、血のつながりを強調する。もちろん、子どもが自分の思い通りになるように仕向けるためだが、血のつながりを持ち出されると、子どもとしては何も言えなくなる。

親が子どもを支配する関係が厄介な二つ目の理由は、愛情である。本当に愛情から親が子どもを支配しようとしているのかどうかはさておき、少なくとも親のほうは愛情からだと思い込んでいる。

たとえば、第一章で述べたように私の両親は私が医者になることを切望したが、その動機として父の兄夫婦を見返したいとか、私が「金づる」になりうるとかいうことが大きかった。しかし、少なくとも意識の上では、両親は「医者になることが、この子のため」と思い込んでいたようだ。

これは、まんざら嘘でもないと思う。というのも、私が高校生だった頃は男女雇用機会均等法などなかったので、就職において女性は圧倒的に不利だったし、寿《ことぶき》退社が当たり前の時代だったからだ。

こうした時代背景を考えれば、私が医者になってから、「本当は医者になりたくなかったのに、医学部に行かされて、嫌だった」と母にこぼしたとき、母が「就職で困らないようにと、あなたのためを思って医学部に行かせた」と答えたのは、必ずしも言い訳のためばかりとはいえない。

第一、子どもの経済的安定を願うからこそ、将来高収入が得られそうな職業に子どもを就かせようとし、そういう職業に就ける進路を選択するよう子どもに勧める親は少なくない。これも親の愛情からだろう。少なくとも、親自身はそう思っているはずだ。

このような親心の根底に、子どもが将来高収入を得れば、親の老後も安泰だし、自慢できるという親の打算が潜んでいることもあるにちがいない。もっとも、それを自覚している親はほとんどいない。

私の両親もそうだが、この手の親の胸中には、我欲と愛情が入り交じっている。しかし、自分の心の中に我欲が渦巻いていることを誰だって認めたくない。そのため、あくまでも愛情から、高収入が得られそうな職業に就ける進路を選択するよう勧めているのだと思い込み、自分自身のどす黒い欲望から目をそむけようとする。

そういう進路選択を子どもがするように仕向けるのに、私の両親のように「医学部に行かないんだったら、学費を出さない」という脅し文句を用いる場合もあれば、暴力によって強要する場合もあるだろう。いずれにせよ、あくまでも愛情からそういう進路選択を勧めているのだと親は思い込んでいる。

血のつながりと育ててやった恩、さらに愛情を親が持ち出したら、子どもとしては「自分を育ててくれた、血のつながった親が自分のためを思って言ってくれているのだから……」と、従うしかないだろう。血と恩、そして愛情による呪縛があるからこそ、親が子どもを支配する関係は厄介なのだ。

支配欲求を強める「子どもに投資している」という意識

戦前の日本では、大多数の人々が生活するだけで精一杯という状況だった。そのうえ、子どもがたくさんいたので、子ども一人あたりにかける費用はさほど多くなかった。いや、より正確には、それほどお金をかけられなかったというべきだろう。

ところが、戦後、高度経済成長を経て日本全体が豊かになると同時に少子化が進んだため、子どもへの投資額はどんどん増えた。もちろん、「一億総中流社会」と呼ばれた一九七〇年代後半から一九八〇年代までと異なり、現在は「格差社会」であり、一部の富裕層と経済的にそれほど余裕のない家庭に二極化しているが、余裕のない家庭でも教育投資を惜しまないようだ。

これは、「いい学校」に行き「いい会社」に入ることが豊かで幸福な人生につながると信じている日本人が多いからだろう。そのため、余裕のない家庭でも、「教育による社会的上昇」を夢見て、食費を切り詰めてでも教育にお金をかける。

子育てにかかるのはお金だけではない。時間や手間も同様だ。子どもが多かった時代は、子どもなど勝手に遊ばせておけばいいという風潮だった。ところが今は、そういうわけにはいかない。

たとえば、野球やサッカーのチームに子どもを入れたら、父親はコーチとして、母親はお茶当番として駆り出される。なかには、他の親と揉めたので、子どもにチームから抜けるよう言いたいが、子どもは練習や試合に行くのを楽しみにしているので、どうしたらいいのかと悩み、眠れなくなったと訴えて私の外来を受診した女性もいる。

さらに、コストをかけて出産や子育てをしている女性も少なくない。たとえば、莫大な時間とお金をかけて不妊治療を受け、ようやく子どもを授かったというケースが最近増えている。また、なかには出産によって仕事を辞めた女性もいるだろう。そういう女性は、キャリアを諦めるという大きな犠牲を払って子どもを育てていることを多かれ少なかれ意識しているはずだ。

このような場合、**「あれだけ時間とお金をかけ、さまざまなものを犠牲にして産み、育てた子どもなのだから、多少は思い通りに支配させてもらっても罰は当たらないだろう」**と考えても不思議ではない。

もちろん、親が子どもに注ぐ愛情の理想的な形は、「無償の愛」である。しかし、これは実は幻想にすぎないのではないかと私は思う。「無償の愛」というのは、「我欲も打算も入り交じっていない純粋な愛情を子どもに注げる親がいたらいいのに」という願望を投影した言葉であり、実際には我欲や打算が入り交じった愛情しか抱けない親が多い現実の裏返しのようにも見える。

コストをかけた分、きちんと返してほしいという願望が全然ない親はいないはずだ。だから、見返りを求める心理が知らず知らずのうちに働くわけで、それが親の支配欲求を強める一因になっているのではないだろうか。

支配欲求の根底に潜む三つの要因

それでは、なぜ支配欲求を抱くのか？　その動機として、**利得、自己愛、「攻撃者との同一視」**の三つが考えられる。

まず、利得だが、これは非常にわかりやすい。典型的なのは、子どもに将来の高収入を期待する親である。

たとえば、子どもにピアノを習わせて一流のピアニストを目指させたり、野球の特訓をしてプロ野球選手になるよう促したりする親。子どもの希望など聞き入れず、将来得られるであろう金銭を当てにして、子どもに進路を押しつけるわけだ。また、会社や病院などを経営している親が子どもに家業を継がせようとするのも、「これまでの投資を無駄にしたくない」というもくろみがあるからだろう。

そういうもくろみが結果的に子どもを不幸にすることもあると私自身の経験から断言

できる。医学部の同級生に、両親から医者の道を押しつけられた人が何人かいた。実家が病院や診療所を経営していて、そこを継ぐために本人の希望とは関係なく医学部に入れられたという人は少なくない。そういう人は、私とは別の意味で悩むようだ。

医者の仕事には、もちろん専門的な知識と技術が不可欠だ。それを身につけるために何年もかけて学び、最後は国家試験への合格が求められる。ただ、実際に診察するとなると、サービス業的な側面が強い。

というのも、患者と向き合い、どんな症状なのか聞き出すのにも、治療がうまく進むよう、きちんと説明や指導をするのにも、コミュニケーション能力が必要だからだ。ところが、親の意向でいやいや医者になった人のなかには、あまりコミュニケーション能力に恵まれていない人もいる。

たしかに頭はよくて、理数系の勉強はよくできるのだが、患者と話すのはどうも苦手だという医者がいる。第一章で紹介した、ＭＲとの結婚を両親に反対されている医局秘書の女性の弟も、その一人だろう。

この弟は、両親の希望で医者になったが、本人の希望通りＩＴ関連の仕事に就いたほうが幸せになれたはずだ。また、彼自身の適性から考えて、臨床医よりも、基礎医学の研究者になるほうが本人のためだと私は思うが、研究者では高収入を期待できないので、両親が反対しているようだ。

このように親が子どもに高収入を期待するのは、私の両親がそうだったように、「高収入が得られる職業に就くことこそ幸福」という信念があるからだろう。だが、私自身も、そして実家の病院や診療所を継ぐために医学部にいやいや進学した同級生も、自分の希望と適性を見きわめたうえで、自分で選んだ職業に就いたほうが幸せになれたのではないかと思う。

私が不幸だったと言うつもりはないが、医学生だった頃も、医者になりたての頃も随分悩んだものだ。精神科医としての臨床経験にもとづいて本を書き、それがある程度売れるようになって、やっと自分の人生を肯定できるようになった。

自分自身の経験から、親が子どもに将来の高収入を期待するあまり、子どもの希望も適性も無視して、親が望む職業に就かせようとするのは、どうかと思う。子どもからすれば、親による攻撃以外の何物でもないのではないか。

たしかに、生きていくためにお金は必要だ。だが、お金だけで幸せになれるわけではない。

自己愛――自分の果たせなかった夢を子どもに託す

親の自己愛、とくに傷ついた自己愛も、親が支配欲求を抱く重要な動機になる。なぜかといえば、傷ついた自己愛、そしてそれによる敗北感を抱えている親ほど、子どもを利用して、自分の果たせなかった夢をかなえようとするからだ。

その典型が、野球マンガ・アニメの傑作『巨人の星』の、星一徹だろう。星一徹は、将来を嘱望《しょくぼう》されたプロ野球選手だった。ところが、太平洋戦争で徴兵され、戦地でけがを負ったせいで、引退を余儀なくされた。そのため、一徹は自分の夢を息子の飛雄馬に託し、スパルタ教育を行う。

いわゆる「ステージママ」も同様だ。若い頃は芸能界で活躍することを目指していた女性が、自分では夢をかなえられず、その雪辱を果たすために娘にタレント活動をさせ、自らマネジメントを担当する。こういう母親も、星一徹と同様に傷ついた自己愛と敗北感を抱えている。

この手の親は少なくない。たとえば、受験に失敗して学歴コンプレックスを持っている親が、早くから子どもを塾に通わせ、「いい学校」に入るために「勉強しなさい」と叱咤激励する。あるいは、幼い頃、家庭が裕福ではなく、習い事をさせてもらえなかった親が、自分がやりたくてもできなかった習い事を子どもにさせる。

行き過ぎると、夫婦関係にひびが入ることもある。たとえば、三十代の会社員の男性は、自分が理想とする人生以外認めようとしない二十代の妻に手を焼いているという。「そろそろバレエとピアノを習わせて、私立の名門小学校を受験させる」という具合に、三歳の娘が将来いい人生を送れるように、妻は育児についていろいろと考えているようだ。それはいいのだが、自分の考えに少しでも反対されると怒りだすため、親しいママ友が一人もいない。夫も、お金のかかる育児ばかり提案する妻に、うんざりしている。

また、最近会社の業績が悪化した影響で給料が下がったため、夫が妻にパートに出るよう勧めても、「かえって服代や昼食代にお金がかかる」「パートなんかしたら近所の奥さんからバカにされる」などと理由をつけて、働こうとしない。それなのに、とくに節約することもなく、家事もおろそかなため、夫のストレスは増すばかりらしい。

何よりも問題なのは、娘が何をしたがっているのかも、娘にはどんな才能があるのかも妻が一切考えようとしないことだ。そんなことは、この妻にとってはどうでもいいらしい。

その背景には、習い事も小学校受験もできなかったという妻の事情があるようだ。この妻は、母子家庭で育ち、母親が生活のためにパートをかけもちしていたくらいだから、習い事など望むべくもなかった。また、小学校から高校までずっと公立のうえ、経済的な理由で大学進学を諦めざるを得なかったという。

そのせいでコンプレックスにさいなまれ、傷ついた自己愛と敗北感を抱いていることが、娘にバレエとピアノを習わせ、小学校受験をさせたいという願望を強めているのかもしれない。

このように傷ついた自己愛と敗北感を抱えている親ほど、その反動で自分ができなかったことを子どもにさせようとする。あるいは、自分がかなえられなかった夢を子どもに実現させようとすることもある。

これは、親が自分の人生で味わった敗北感を子どもの成功によって払拭《ふっしょく》し、傷ついた自己愛を修復するためだろう。いわば敗者復活のために子どもに代理戦争を戦わせるわけで、親の期待は親の自己愛の再生にほかならないと痛感する。

親が子どもに夢を託すことが、一概に悪いというわけではない。父親の猛特訓で息子が一流の選手になることもあれば、母親のマネジメントで娘が一流のタレントになることもある。そうなれば、親も子も幸せになれる。

もっとも、必ずしも成功するとは限らない。むしろ、一握りの成功者の陰に何千人、何万人もの挫折者がいるように見える。とくに、親が子どもの希望や適性を無視して、自らの敗者復活のために自分の夢を子どもに押しつけると、不幸な結果を招く危険性が高い。

攻撃者との同一視——自分を攻撃した人を模倣する

親が支配欲求を抱く三つ目の動機として、「攻撃者との同一視」を挙げておきたい。これは、自分の胸中に不安や恐怖、怒りや無力感などをかき立てた人物の攻撃を模倣して、屈辱的な体験を乗り越えようとする防衛メカニズムであり、フロイトの娘、アンナ・フロイトが見出した（『自我と防衛』）。

このメカニズムは、さまざまな場面で働く。たとえば、学校の運動部で「鍛えるため」という名目で先輩からいじめに近いしごきを受けた人が、自分が先輩の立場になったとたん、今度は後輩に同じことを繰り返す。同様のことは職場でも起こりうる。お局《つぼね》様から陰湿な嫌がらせを受けた女性社員が、今度は女性の新入社員に同様の嫌がらせをする。

攻撃者との同一視は、親子の間でも起こりうる。子どもの頃に親から虐待を受け、「あんな親にはなりたくない」と思っていたのに、自分が親になると、自分が受けたのと同様の虐待を我が子に加える。こうして虐待が連鎖していく。

虐待が連鎖している家庭について相談を受けるたびに、「自分がされて嫌だったのなら、同じことを子どもにしなければいいのに」と私は思う。だが、残念ながら、そういう理屈は通用しないようだ。

むしろ、「自分は理不尽な目に遭い、つらい思いをした」という被害者意識が強いほど、自分と同じような体験を他の誰かに味わわせようとする。いや、より正確には、**自分がつらい思いをした体験を他の誰かに味わわせることによってしか、その体験を乗り越えられないというべきだろう。**

これは、親から支配された子どもも同様だ。親の言う通りにしなければ、暴力を振るわれ、口答えなど決して許されなかった。あるいは、高収入を期待できる職業に就くこと、家業を継ぐこと、親がかなえられなかった夢を実現することなどを強要されて、やりたいことができなかった。そういう人が親になると、自分が親からされたのと同じように子どもに自分の願望や要求を押しつけることがある。

自分が親から支配されて嫌な思いをしたのなら、子どもには自由にさせればいいのにと私は思うが、そうはならない場合が多い。むしろ、「自分は、親の願望を満たすために生きてきて、自分のやりたいことができなかった。ずっと我慢してきたのだから、今度は自分の願望を子どもに満たしてほしい。それくらいは許されるはず」と考える。つまり、親自身が辛抱した経験によって、子どもへの支配欲求を正当化するのである。

所有意識――児童虐待はなぜ起こるのか

子どもへの支配欲求が強い親は、同時に「子どもは自分のもの」という所有意識も抱いていることが多い。この所有意識が最も暴力的な形で表れるのは、子どもを虐待する親である。

たとえば、二〇一九年一月、千葉県野田市で当時小学四年生だった栗原心愛さんが自宅の浴室で死亡した事件では、両親が逮捕された。そして、父親の勇一郎被告は傷害致死罪で、母親のなぎさ被告は傷害幇助《ほうじょ》の罪で、それぞれ起訴された。

勇一郎被告は、心愛さんの両腕をつかんで体を引きずり、顔を浴室の床に打ち付け、胸や顔を圧迫するなどの暴行を加え、顔面打撲や骨折を負わせた。それだけでなく、心愛さんの手に汚物を持たせ、その様子をスマートフォンやデジカメで撮影していたという。

どうして実の娘にこんなひどいことができるのかと首を傾げたくなるが、我が子を虐待する親の話を聞くと、皮肉なことに、実の子だからできるのだということがわかる。**子どもを自分の所有物とみなしているからこそ、自分の好きなように扱ってもいいと思い込むわけである。**

実際、「子どもへの身体的虐待について、『自分の子どもをどうしつけようが、私の勝手だ』とか『子どもを殴るかどうか、他人にとやかく言われる筋合いはない』などと発言する加害者は多い」。しかも、「このタイプの加害者には、独占欲と、自分の子どもは虐待してかまわないという考えとの相関関係がはっきりみてとれる」（『DVにさらされる子どもたち――加害者としての親が家族機能に及ぼす影響』）。

このように子どもを自分の所有物のようにみなす傾向は、性的虐待をする親にも認められる。「性的虐待をする者が子どもを自分の所有物とみなすことはよく知られているし、近親姦の加害者のなかには、子どもを性的に利用することは親の特権だと考えている者もいる」（同書）。

心愛さんも、勇一郎被告から性的虐待を受けていた形跡がある。一時保護されていた児童相談所の職員に「父親に下着を下ろされた」などと訴え、医師が「性的虐待の疑いがある」と診断していたからだ。

心愛さんは、「（父親から）夜中に起こされ、窓の外に誰かいるから見てこいと言われた」と話し、「パパが急にズボンを下ろしてきた。パンツも脱げて『やめてよ』と言ってすぐに上げたら、パパから『そんなこと言うとバレるだろう』と言われた」と説明したという。こんなことをしたのは、勇一郎被告が心愛さんを自分の所有物とみなし、性的な目的のために利用してもかまわないと思っていたからだろう。

こうした所有意識は、DV（ドメスティックバイオレンス）の加害者にもしばしば認められる。勇一郎被告は、なぎさ被告への暴行罪でも追起訴されており、妻へのDVがあったようだ。したがって、勇一郎被告は、虐待の加害者であると同時にDVの加害者でもあったわけだが、これは妻も子どもも自分の所有物だと思い込んでいたからである。

特権意識――子どもは「自分をよく見せるための付属物」という認識

親の所有意識と密接に結びついているのが、**「自分は親なのだから、少々のことは許**

される」という特権意識である。

この特権意識は、何よりもまず自分の願望や要求を満足させることが家庭で最優先されて当然という自己中心的な思い込みとして表れる。だから、子どもが親の言うことを聞かなかったり、親の思い通りにならなかったりすると、暴力を振るう。あるいは、私の両親のように自分の希望する職業に子どもを就かせようとするのも、特権意識に由来する自己中心性のせいだろう。

こうした自己中心性の核心にあるのが、子どもは「自分をよく見せるための付属物」(同書)という認識だ。こういう認識が最も強いのが、第一章で取り上げた子どもの気持ちよりも世間体や見栄を優先する親である。

この手の親にとって、子どもは「自分をよく見せるための付属物」であり、自分の価値を底上げしてくれるバッグや宝石と同等の存在だ。そのため、成績がよく、先生にも気に入られ、友達にも好かれ、習い事でもほめられる〝パーフェクト・チャイルド〟であることを常に求める。さらに、「いい大学」「いい会社」に入り、隣近所や親戚に自慢できるようなエリートコースを歩んでくれるよう願う。

その役割を子どもがきちんと果たしてくれれば、親の自己愛は満たされるが、逆に子どもが「自分をよく見せるための付属物」でなくなれば、親の自己愛は傷つく。だからこそ、第一章で触れたように、受験の失敗、あるいは親の価値観に合わない結婚に直面すると、親は怒り、罵倒するのだ。

しかも、子どもが「自分をよく見せるための付属物」としての役割を果たしてくれなかったせいで、自分が恥をかいたと親は思っている。当然、恥をかいた自分は被害者で、その原因をつくった子どもは加害者という認識であり、加害者である子どもを責めてもいいと考えている。

そのため、子どもは自分自身の挫折や失敗によって、ただでさえ傷ついているのに、親から責められ、罵倒されて打ちのめされる。しかし、親のほうは、「自分は恥をかかされた被害者なのだから、少々責めても許される」と思い込んでいる。

子どもを「自分をよく見せるための付属物」として利用するくらいだったら、まだかわいいもので、なかには「金づる」として利用する親もいる。これも、「育ててやった親なのだから、少々のことは許される」という特権意識に由来する。

たとえば、三十代の女性は、結納まですませていたのに、親のせいで結婚が破談になり、気持ちが落ち込んで何もする気がしないと訴えて、私の外来を受診した。

「私は母一人子一人の家庭で育ち、母が美容師なので、田舎の実家で美容院をやっていました。けれど、人口減少と高齢化で、年々売り上げが落ちて借金の返済にも困るようになりました。そのため、母から泣きつかれて、断れず、貯金していたほぼ全額、四〇〇万円を渡しました。

それでも完済できたわけではなく、今も毎月五万円の仕送りを続けています。年間だと六〇万円で、私の年収の五分の一です。かなり大きな負担になっているのですが、母は『苦労して育ててやった子どもから助けてもらうのは当然』と言い放ち、『ありがとう』と言ってくれたことなど一度もありません。

美容院を続けていても赤字を垂れ流すだけなので、もうやめればいいと私は思うのですが、母は『美容院をやめたら、年金だけでは暮らしていけない。あんたが養ってくれるんだったら、いつでもやめるけど』と嫌みを言います。

まあ、それだけなら許せないこともないのですが、最近どうしても許せないことがありました。結納まですませていた婚約者から、突然別れを告げられたのです。理由を尋ねたところ、『君のお母さんから金を貸してほしいと頼まれた。正直、あのお母さんとつき合っていくのは僕には無理だと思う。うちの両親も同じ意見だったので、悪いけど』と言われました。

もうショックで、その日は泣き通しました。母に電話で尋ねると、『婚約者の親が困っているんだから、助けるのは当然でしょ。それができないなんて、甲斐性のない男ね』という答えが返ってきました。悪びれる様子も、謝罪の言葉もありませんでした」

この女性の母親は、「自分は苦労して娘を育てたのだから、少々のことは許される」と思い込んでいるのだろう。そのせいで、娘を不幸にしたわけだが、自責感も罪悪感も覚えていないようだ。これは、親としての特権意識が強いからだと考えられる。

こういう親を持つと、子どもは苦労する。この女性も、「あの母がいる限り、絶縁でもしない限り結婚は無理だと思いました。それで、よけいに落ち込んだのです。でも、たった一人の親なので、見捨てるわけにもいかないし……。クヨクヨと悩んでいますが、答えは出そうにありません」と話した。

想像力の欠如

自己中心的な親は、自分が子どもに浴びせる暴言や加える仕打ちが、どれだけ子どもの心を傷つけ、怒りや反感をかき立てるかということに想像力を働かせることができない。いや、より正確には、想像してみようともしないというべきだろう。

このような想像力の欠如は、あらゆる場面であらわになる。たとえば、兄弟姉妹と比べる親は、それがどれだけ子どもの心を傷つけ、劣等感を植えつけるかに考えが及ばない。むしろ、「お兄ちゃんは、あんなに成績がいいのに」「お姉ちゃんは、あんなに部活を頑張っているのに」などという言葉で叱咤激励したつもりでいる親が少なくない。

だが、このように比較されて育つと、劣等感の塊《かたまり》のようになりやすい。また、大人になっても自己肯定感が低い。たとえば、「子どもの頃からいつも優秀な兄と比べられて、本当に嫌だった」という二十代の男性は、「兄に負けまいとして頑張ったけど、勉強でもスポーツでも兄にはかなわなかった。だから、いまだに自信がない。その原因をつくったのは、いつも兄と僕を比べていた母、そして優秀な兄だと思う。あの二人の顔を見るのは嫌なので、何かと理由をつけて実家には帰らないようにしている」と訴えた。

この男性自身、非常に優秀で、エリートコースを歩んでいるように私には見えるのだが、兄がそれ以上に優秀な超エリートのうえ、母親から常に比較されてきたので、自己肯定感が低いのだろう。この男性の母親は、もっと頑張らせようと思って、兄と比較したのかもしれないが、比較された弟のほうは深く傷つき、大人になっても恨んでいる。

こうした想像力の欠如は、第一章で取り上げた子どもの領域を平気で侵害する親にも認められる。親が勝手に鞄の中や机の中を漁ったり、子どものものを捨てたりすることが、どれほど子どもにとって不快か、考えてみようともしない。

親が想像力を働かせることができないと、子どもの心を傷つけ、後々まで禍根を残すのである。

怒りの「置き換え」

想像力が欠如している親は、自分自身の鬱憤晴らしのために、些細なことで子どもを罵倒したり、暴力を振るったりすることがある。これは、怒りの「置き換え」というメカニズムによる。

本来、怒りを感じたら、その原因になった人物に感情をぶつけるのが筋だ。しかし、それができない状況だったり、直接反撃するのが怖かったりすると、代わりに他のものに感情をぶつけて、それによって心のバランスを取ろうとする。これが、精神分析で「置き換え」と呼ばれる防衛メカニズムである。

この「置き換え」による鬱憤晴らしを知らず知らずのうちにやってしまうのが人間という生き物だ。本当に怒りたいのは、自分の親だったり、会社の上司だったり、夫もしくは妻だったりするのだが、怖くて怒れない。だから、怒りの矛先《ほこさき》を向け変え、弱い子どもに怒りをぶつける。

いわば子どもをサンドバッグ代わりに利用するわけだが、これは、家庭の外では〝いい人〟を演じようとして、少々腹が立っても我慢しているからかもしれない。先ほど取り上げた勇一郎被告もそうだが、家庭では暴君で、些細なきっかけで怒って妻子に暴力を振るうのに、外では「穏やか」「温厚」「腰が低くて丁寧」「愛想がいい」といった顔を見せる虐待やDVの加害者は少なくない。

もちろん、虚栄心が強いせいだろうが、それだけではない。外面をよくしようとして、家庭の外では怒りを抑え込んでいるのだが、怒りは排泄物と同じで、何らかの形で外に出さないと、どんどんたまっていく。だから、そのはけ口を家庭内の弱い相手に求めずにはいられない。

こうした二面性があるため、隣近所や職場では「あんないい人が子どもを虐待するはずがない」という先入観を持たれやすい。それが虐待の発覚を遅らせる一因になり、虐待死という最悪の事態を招くこともある。

嫉妬と羨望

親は子どもの成功や幸福を願い、我が子が幸せに包まれると自分のことのように喜ぶのが当たり前だと、一般には考えられている。

だが、実際には我が子をうらやむ親が存在する。イギリスの精神分析家、スティーブン・グロスは、そういう事例をいくつか紹介している（『人生に聴診器をあてる』）。

たとえば、ある母親は、自分の娘に買ってやったプラダのウールスーツのスカートを間違って洗濯機にほうりこんで、台なしにしてしまった。この母親が貧困のなかで育ったという事実を、グロスは指摘しており、我が子をうらやむ親の典型例として挙げている。

貧困のなかで育った親のなかには、自分が体験したような惨《みじ》めな思いを我が子にはさせまいとして、子どもが望むものは何でも買い与える親もいるが、この母親はそうではないのかもしれない。

フロイトがその炯眼《けいがん》で見抜いているように、「しくじり行為は二つの意図の干渉によって生じる心的行為である」（『精神分析学入門Ⅰ』）。したがって、この母親がこんなうっかりミスをしたのは、一方ではプラダのスーツを着られる娘の幸福を喜びながらも、他方ではその幸福をうらやむ気持ち、そしてそういう幸福を享受できなかった自分自身の人生への怒りを抱いていたからだと考えられる。

もちろん、親のほうは、自分が我が子をうらやんでいるということを全然意識していない。たいてい、「そんなつもりは毛頭ありません」と否定する。これは当然で、嫉妬《しっと》や羨望のような陰湿な感情が自分の心の奥底に潜んでいることを誰だって認めたくない。だからこそ、嫉妬も羨望も、うっかり口をついて出たり、忠告を装って表れたりする。

たとえば、何かに熱中して調子づいている子どもを、「生意気」とか「ませている」とかいう言い方でへこませる父親がいる。自分の子どもは感謝の心を知らないと嘆きながら、「あなたはどんなに運がいいか知らないのよ」「私はこんなものもらったことないわ」などと、本音を漏らす母親もいる。

こういう親は、自分の子どもたちの「日々増してゆく肉体と精神の強靭さ、快活さ、幸福、物質的快楽」をうらやむ。いや、何よりも「子どもたちの潜在的な可能性に嫉妬する」(『人生に聴診器をあてる』)。

恐るべきことで、読者の方は耳を疑いたくなるはずだ。だが、この手の親が存在するのは事実であり、私自身も、三十代の女性から、次のような話を聞いたことがある。

その女性は、母親から「早く結婚しなさい」と言われ続けていた。ところが、その女性が婚約者を母親に紹介するたびに、何やかやと難癖をつけられて結婚をつぶされたのだという。

この母親は、夫の浮気が原因で離婚してから、慰謝料も養育費ももらえず女手一つで娘を育ててきたらしい。そのため、娘が結婚したら自分は独りぼっちで取り残されてしまうという不安から、娘の結婚を邪魔するのかもしれない。あるいは、娘を自分の思い通りにしたいという支配欲求を抱いていて、他人が家庭に入り込むのを阻止したいのかもしれない。だが、それだけではない。娘の幸福に対する嫉妬と羨望が心の奥底に渦巻いている可能性も十分考えられる。

もちろん、母親は全然意識していないだろう。あくまでも「娘を守るために」破談にしたのだと思い込んでいるはずだ。このように後ろめたさも罪悪感もみじんも覚えず、無自覚のまま我が子の人生を破壊していくところに、子どもを攻撃せずにはいられない親の怖さがある。

自分は正しいという信念

一番厄介なのは、**子どもを攻撃する親の多くが、自分は正しいと思い込んでいることだ。**当然、子どもを攻撃している自覚などない。

自分は正しいという信念は、先ほど取り上げた勇一郎被告にも認められる。勇一郎被告は、警察の取り調べに「しつけで悪いとは思っていない」と供述したようだが、おそらく本音だろう。

死に至らしめるほどの暴力を「しつけ」と称するのは、理解に苦しむし、責任逃れのための詭弁《きべん》ではないかと勘繰りたくなる。だが、虐待の加害者のなかには、「虐待を愛情の証ととらえ、『愛してなかったら、あんなことはしない』などと言う者も少なくない」(『DVにさらされる子どもたち――加害者としての親が家族機能に及ぼす影響』)。

勇一郎被告も、「虐待は愛の証」という価値観の持ち主だったのではないか。こういうタイプは、子どもを虐待する傾向が強い。「彼らは伝統的な価値観をもち出して虐待的な子育てを正当化することが多く、『むちを惜しめば、子どもはだめになる』という諺を口にしたり、『子どもを放任している親みたいになれと言うのか』などと言ったりする」(同書)。

このような愛情と虐待の混同は、虐待の加害者にしばしば認められ、自己正当化のために使われる。自己正当化によって、自分は正しいと思い込んでいるからこそ、あれだけ激しい暴力を子どもに加えるのだろうが、この自己正当化は、子どもを攻撃する親のほとんどに共通する特徴である。

子どもの心身をどれほど傷つけても、あくまでも子どものためにやっていると親は思い込んでいる。子どもを罵倒するのも、暴力を振るうのも、子どもが悪いことをしたので、その罰を与えて子どもを正しく導くためだと思っている。そういう親は、自分が悪かったとも、間違っていたとも認めない。

もちろん、決して謝らない。私の両親もそうだが、あくまでも子どものためを思ってやったことだと確信しているので、感謝されるのが筋で、謝る必要などないと思っている。子どものほうは「親の身勝手な願望を満たすために、自分の人生をねじ曲げられたのだから、親に一言謝ってほしい」と思っていても、親のほうは「子どものためにやったことなのに、親切がわからないのか」となる。

自分は正しいという信念を持つ親と子どもの間にズレが生じることは少なくない。そういうズレを漫画家の萩尾望都《もと》氏も経験したようで、『一瞬と永遠と』のなかで吐露している。

萩尾氏は小学校から高校まで一貫して漫画を描いていたが、両親は反対だったらしい。そのため、萩尾氏の心は、

「『好きなことをやって何がいけないの、マンガぐらい黙って描かせてよ、不良になってる理由《わけ》じゃなし』という怒りと、

『ご両親様のおっしゃる通りでございます。禁じられているマンガを描くなんて、私は

何と悪い娘でございましょう。申し訳ございません』

という真剣な罪悪感との間をシーソーのように上下していた」（同書）。

それでも、「どうせ何を話しても理解してもらえないと思い、自分の意見を言うのを避けた」（同書）ため、思春期に両親とこれといった大ゲンカをすることはなかった。結局、事後承諾のような形で漫画家になったのだが、そのしっぺ返しが二十代後半から三十にかけてやってきたという。

萩尾氏は節税のために会社をつくり、父親に社長になってもらった。すると、両親が仕事に口を出してきたので、萩尾氏が「私の仕事に口を出さないでくれ」と言ったところ、次のようなことが起こった。

「両親は、親の言うことをないがしろにする娘に不満だ。このトラブルのもとはマンガだから、私にマンガ家を止めるようにと要請してきた。もちろん、両親は大マジメである。

私は切れた。会社は解散した。私は一方的に両親と絶交した」（同書）。

『ポーの一族』をはじめとして数々の傑作を世に送り出した萩尾氏は、正真正銘の天才だと私は思う。私に同意する読者の方も多いはずだが、その萩尾氏に向かって「マンガ家を止めるように」と要請した両親は、一体何を考えていたのかと首を傾げたくなる。

もっとも、「両親は大マジメ」だったのだろう。自分は正しいと思い込んでいる親からすれば当然の話である。その辺りのことは萩尾氏もわかっていたのか、次のように述べている。

「『我々は正しい』と思っている美しい親にとって、娘が心をいれかえて美しい娘になってくれるのだけが願いであって、自分たちのやることにはべつに問題はないのである」（同書）。

その通りだ。子どもを攻撃する親の多くが「自分は正しい」ので、「自分のやることにはべつに問題はない」と思っている。こういう信念を持つ親は、自分の価値観を決して変えようとしない。そして、自分が正しいと信じる価値観にもとづいて、子どもに「ああしなさい、こうしなさい」と言い続ける。

私の両親もそうで、私を医学部に進学させたのは正しい選択だったとずっと思い込んでいる。父はすでに亡くなったが、八十歳を過ぎて田舎で一人暮らしをしている母はいまだに「田舎に帰って開業しなさい」と言う。それが私の幸福のためだと信じているのかもしれないが、よけいなお世話だし、ズレは永遠に埋まらないと思う。

第三章

攻撃的な親が子どもに与える影響

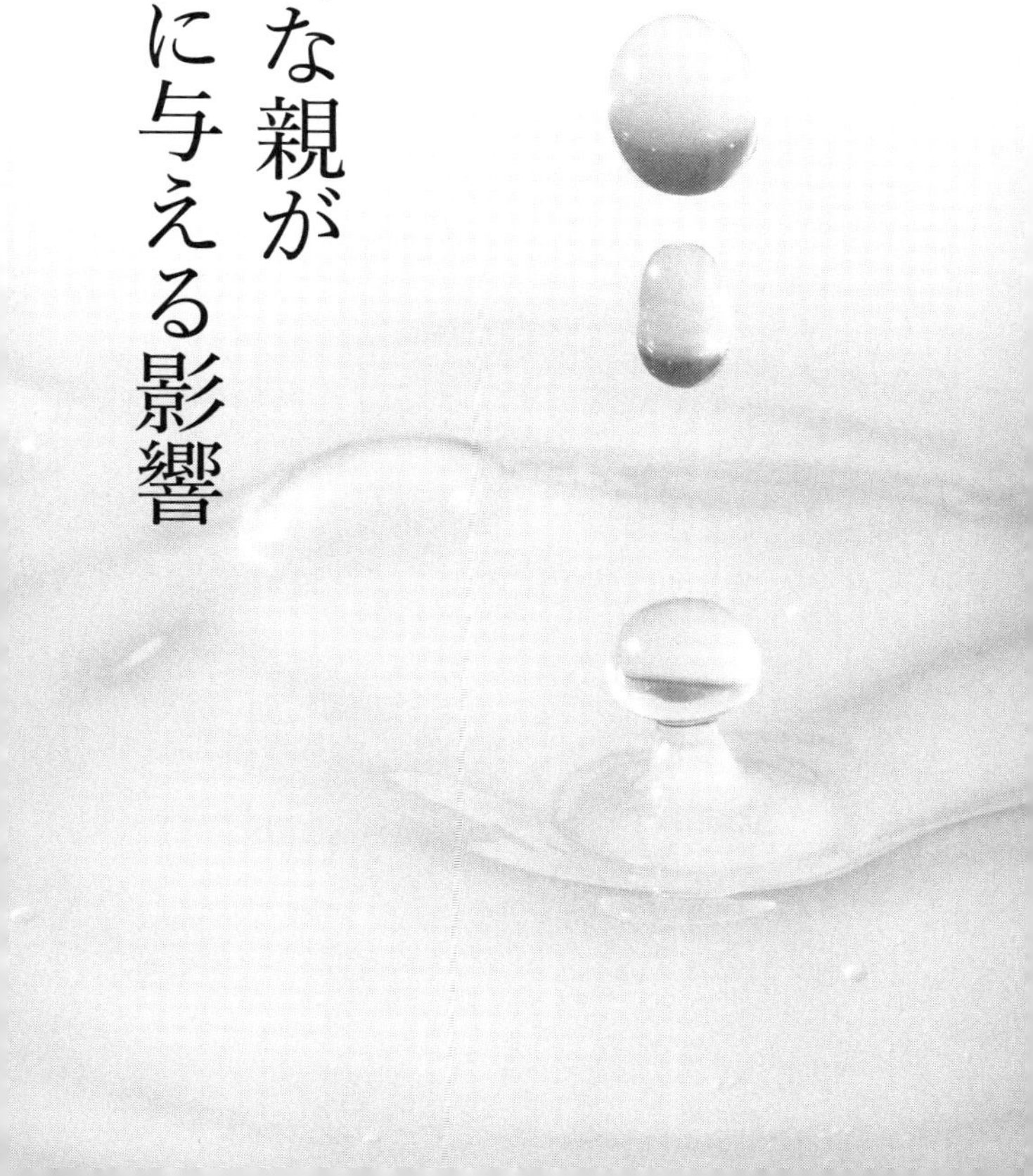

この章では、攻撃的な親が子どもに与える影響について、具体例を挙げながら解説する。

低い自己肯定感

まず、攻撃的な親に育てられると、自己肯定感が低くなる。これは当然だろう。子どもの頃から、どんなに頑張っても親に認めてもらえず、無視されてきた人が、自分自身をかけがえのない大切な存在と思えるわけがない。また、いつも「何をやってもだめな子」「不細工。かわいくない」などとけなされ、ときには罵倒されてきた人は、自分を受け入れることも、肯定することもできない。

このように自己肯定感が低いと、安心感も自信も持てない。だから、常に他人の評価を気にせずにはいられず、他人の評価に振り回されやすい。その背景には、子どもの頃からいつも親の顔色をうかがいながら生活しなければならなかった影響もあるはずだ。

他人の評価を気にすることが、一概に悪いというわけではない。社会で生きていく以上、誰でも多かれ少なかれ「他者のまなざし」を気にせずにはいられない。全然気にしなかったら、傍若無人《ぼうじゃくぶじん》のふるまいをする自分勝手な人間になりかねない。

ただ、自己肯定感が低い人は、必要以上に他人の評価を気にして、振り回されやすい。また、自分に対する他人の評価が少しでも下がったと感じると、「自分はだめだ」と落ち込んでしまう。

何よりも問題なのは、親に認めてもらえず、愛してもらえなかったせいで欲求不満が募り、その結果認めてほしいという**承認欲求**と愛してほしいという**愛情欲求**が人一倍強くなることである。

もっとも、いくら頑張っても、親が自分を認めてくれるわけでも、愛してくれるわけでもない。そのため、さらに自己肯定感が低くなり、「自分はどうでもいい人間」と思い込んで、自暴自棄に陥りやすい。ときには、自己破壊的な行動に走ることもある。

たとえば、毎晩のように父親が酒を飲んで暴れ、母親が口癖のように「子どもなんか産まなければよかった」と愚痴をこぼす家庭に居場所がなかったせいで、中学生の頃から万引きやカツアゲを繰り返して何度も補導され、中学卒業後は家出同然に家を出て、十代で未婚のまま出産したという二十代の女性は次のように話した。

「私は中学生の頃から援助交際を始めました。家に帰りたくなかったので、生活費を自分で稼がなければならなかったという事情もありますが、それだけじゃないんです。むしろ、『こんな私でも必要としてくれる人がいる』『こんな私とでもつき合って喜んでくれる人がいる』ことを実感できて、うれしかったというのが大きいんです。それに、優しくしてもらえたし。だって、家では、酔っ払った父に殴られたり、体を触られたりしたし、母には『お前がいなかったら離婚できるのに』と言われて、『自分なんか、生まれてこないほうがよかった』と思っていたんです」

この女性は、水商売で働きながら子どもを育てているが、ときどきパニック発作に襲われるため、私の外来に通院中である。シングルマザーで、なかなか大変そうに私の目には映る。

だが、「親と絶縁した今は、自分で稼げるので、親に頼らなくていい。殴られることも、文句を言われることも、愚痴をこぼされることもない。だから、ときどきパニック発作が起きるけど、薬を飲んだらおさまるし、子どもも自分を必要としてくれるので、これまでで今が一番落ち着いていると思う」と話す。この話を聞くだけで、どれほど壮絶な子ども時代だったか、容易に想像がつく。

この女性が非行、さらには援助交際に走った最大の原因は、承認欲求と愛情欲求を親が満たしてくれなかったことであるように見える。一般に、非行に走る思春期の子どもの胸中には、自分を認めてくれない親への怒りと反感から、〝悪い子〟になって親の関心を惹きたいという思いが潜んでいることが少なくない。この女性も、その一人だったのではないだろうか。

過剰な献身

親に認めてもらえず、愛してもらえなかった子どもは、逆に極端な〝いい子〟になることもある。承認欲求と愛情欲求が人一倍強いため、親の欲望をできるだけ満たそうとし、要求にもできる限り応えようとするわけだ。

もちろん、「人間の欲望は他者の欲望である」とフランスの精神分析家、ジャック・

ラカンが言っているように、誰でも程度の差はあれ「他者の欲望」を察知し、あたかも自分の欲望であるかのように満たすことによって、認められ、愛されようとする。

なかには、「他者の欲望」を満たすことによって、相手から気に入られ、ほめられることに大きな喜びを見出す人もいる。逆に、「他者の欲望」を気にかけることも察知することもなければ、他者との関わりを一切拒否して自分だけの世界に閉じこもることになりかねない。

とくに、親の欲望を察知し、満たすことによって、親から認められ、愛されようとすることは、どんな子どもでも知らず知らずのうちにやっている。子どもは親の気持ちを読み取り、それにできるだけ沿うようにするのだ。

たとえば、開業医の親は、子どもが医者になって跡を継いでくれることを願うものだが、そういう親の欲望を子どもが敏感に察知して「大きくなったら、お医者さんになる」と言うことがある。これは、医者に限った話ではない。親が子どもに就いてほしいと願っている職業を、子どもが敏感に察知して「大きくなったら、○○になる」と言うこともあるだろう。

だから、「他者の欲望」を満たそうとすることが必ずしも悪いわけではない。むしろ、「他者の欲望」を察知する能力に長《た》けた人は、周囲から「気が利く」「空気が読める」などと評価されることが少なくない。

ただ、「過ぎたるは及ばざるがごとし」で、「他者の欲望」にとらわれてばかりいると、自分の欲望を持てなくなる。場合によっては、操り人形のようになってしまう危険性がある。

とくに、第一章で取り上げた子どもを支配しようとする親に育てられると、親の欲望を満たして、親の言う通りにすることが最優先になるので、自分は本当は何がしたいのかも、何になりたいのかも、わからなくなる。**いや、より正確には、親の幸福＝子どもの幸福と思い込む親によって、わからなくなるように仕向けられるというべきだろう。**

こうした傾向は、〝搾取子〟ほど強い。幼い頃から、兄弟姉妹と比べて自分が愛されず、冷遇されていると感じていたので、親に認められ、愛されるにはどうすればいいのかを考えずにはいられないからだ。当然、親の欲望を人一倍気にかけ、敏感に察知しようとする。さらに、それを満たすために、過剰ともいえる努力をする。

ところが、いくら努力しても報われない。たとえば、「〜のようなものがほしい」とほのめかした親のために、お小遣いをためてプレゼントしても、「色が気に入らない」「こんなの使えない」「ほしかったのは、もっと別のタイプ」といった答えが返ってくることが少なくない。ときには、「こんなの、ほしくなかった」という答えが返ってくることさえある。要するに、親に何を贈っても、満足してくれないわけだ。

これは、〝愛玩子〟に対する反応と正反対だ。〝愛玩子〟が贈ったプレゼントなら、それがどんなものでも親は喜ぶ。「△△ちゃんのくれるものは、やはり素敵」「△△ちゃんはセンスがいい」という言葉で、〝愛玩子〟をほめ、顔をほころばせる。

このような反応の違いを目《ま》の当たりにして、〝搾取子〟は自分が愛されていないことを改めて思い知らされる。そこで、親から認められ愛されることを思い切って諦め、そのための努力をやめてしまうことができれば、まだ気が楽なのだろうが、そう簡単に諦められるわけではない。とくに、年齢が低いと、親の保護と援助がなければ生きていけないので、親から認められ愛されることは死活問題だ。

そのため、「もっと〝いい子〟になったら愛してもらえるかもしれない」「もっと高くて素敵なプレゼントを親に贈れば喜んでもらえるかもしれない」などと子どもなりに考え、また過剰ともいえる努力をする。だが、やはり報われない。その結果、失望し、無力感にさいなまれ、ますます自己肯定感が低くなる。

つまり、親から認められ愛されるために、過剰な献身をするものの、報われなくて落ち込むことを繰り返すわけだが、これは大人になっても続く。

第一章で、親から経済的援助を頼まれると、それを自分が必要とされている証のように受け止めて、ついお金を渡してしまう〝搾取子〟を紹介したが、こうした過剰な献身によって自分自身が経済的に困窮することも少なくない。

罪悪感――親の巧妙な言葉によって子どもは自分を責める

攻撃的な親に育てられると、罪悪感が強くなる。これは当然だ。というのも、子どもを罵倒したり、暴力を振るったりする親は、第二章で述べたように自己正当化することが多いのだが、そのために**「お前が悪いから」「お前がだめだから」**というメッセージを子どもに送るからである。

こういう親は、子どもに罪悪感を抱かせる達人である。何かうまくいかないことがあると、子どもに、その責任は自分にあり、悪いのは自分だというふうに巧妙に思い込ませる。

たとえば、第二章で取り上げた栗原勇一郎被告は、「楽しい予定もあったのにお前のせいで台なしだよ」と心愛さんを責め、浴室に追いやって立たせ続けたということだが、これは娘に「私が悪い」と思い込ませて、自分の虐待を正当化するためだろう。

しかも、心愛さんを浴室に立たせるようになったきっかけは、大みそかに家族で年越しそばを食べていたとき、勇一郎被告が心愛さんに「もっとおいしそうに食えないのか」と言ったことらしい。これは、娘に因縁をつけているとしか思えない。つまり、子どものあら探しをして、ちょっとでも自分の気に入らない点を見つけると、厳しく責める。子どもに「自分が悪いから、怒られるんだ」「自分はだめな子だから、殴られても仕方がない」と思わせるためである。

そう思わせるために独特の言い回しを用いる。「お前がもっと気をつけていれば、こんなことにはならなかったのに」「お前がもっと親思いだったら、親に口答えなんかするわけがない」「お前にもっと思いやりがあったら、そんなことはしないはずだ」という具合に、子どものせいにする。

あるいは、暴力を振るうという間違いを犯したのは親のほうなのに、そう仕向けたのは子どもだという言い方をすることもある。たとえば、「お前がグズだから、こっちはイライラして殴らずにはいられなくなるんだ。殴ったら、こっちも手が痛いんだ」と言う。

このように子どもに罪悪感を抱かせて、「自分がひどい仕打ちをされるのは、自分に責任があるからだ」と思い込ませるようにする。そのために、次のような言い回しをしばしば用いる。

1「うまくいかないのは、本人にだめなところがあるから」→うまくできなかったお前はだめだと子どもを責めるための言葉

2「どんなことでも、能力がないとうまくいかない」→お前に能力がないからこんなこ

とになるのだと子どもを責めるための言葉

3「いろいろ文句を言う奴がいるが、だいたいは、そんなことを言っている本人が悪い」↓口答えしたり、不平不満をもらしたりする子どもを責めるための言葉

さらに、自己正当化のために次のような言い方をすることも少なくない。

1「親子の間では、何でも言ったほうがいい」↓子どもをけなしたり罵倒したりする親自身を正当化するための言葉

2「愛があるからこそ、厳しくするんだ」↓「虐待は愛の証」という価値観がそのまま口から出た、虐待を正当化するための言葉

こういう言葉を日々親から浴びせられていると、正しいのは親で、間違っているのは自分だと子どもが思い込むのは無理もない。つまり、親に罪悪感を植えつけられるわけで、その結果、「自分はだめだ」という思いが一層強くなり、自己肯定感がさらに低く

なるのである。

親にぶつけられない怒りによる弱い者いじめ

いくら親から罪悪感を植えつけられ、「自分が悪いから怒られる」「自分がだめだから殴られる」と思い込まされていても、長年不当な我慢を強いられていると、さすがに怒りがこみ上げてくる。

しかも、成長するにつれて、よその家庭では親が子どもに必要なものを与えるし、罵倒することも殴ることもないと次第にわかってくるので、「なぜ自分だけこんな目に遭わなければならないのか」と疑問を抱かずにはいられず、さらに怒りが募る。

だからといって、その怒りを親にぶつけられるわけではない。たとえ親に罵倒されても、言い返せるわけではないし、親に殴られても、殴り返せるわけではない。そんなことをすれば、もっと激しい暴言、一層ひどい暴力が待っているかもしれない。場合によっては、食べものさえ与えられなくなるかもしれない。

そのため、ぶつけられない怒りが、排泄物のようにたまっていく。そういう怒りをどこかで出さないと、耐えられなくなるので、第二章で取り上げた怒りの置き換えによって鬱憤晴らしをせずにはいられなくなる。

こうして、たまりにたまった怒りが無関係のところで噴出するわけで、噴出の仕方はさまざまである。いつもイライラしていて情緒不安定になることもあれば、些細なことで切れてしまうこともある。また、しばしば怒らなくてもいいところで怒ってしまうので、友人関係がうまくいかず、孤立しやすい。

虐待されている子どもに多いのは、いじめの加害者になることだ。家で不当な我慢を強いられて怒りを募らせている子どもが、その怒りを学校で自分より弱い相手にぶつけて鬱憤晴らしをしようとして、いじめが起こるわけだが、そこには第二章で取り上げた攻撃者との同一視のメカニズムも働いている。

自分が親からされて腹が立った仕打ちを、学校で見つけた弱い相手にすることによって、怒りを乗り越えようとする。たとえば、家で親に殴られている子どもが、学校で他の生徒を殴る。あるいは、家で親から「バカじゃないのか」「お前なんか死んでしまえ」

などと罵倒されている子どもが、学校で同じ暴言を他の生徒に向かって吐く。「他の生徒をいじめてばかりいる」「落ち着きがなく乱暴で、窓ガラスを割った」といった問題行動があって、発達障害を疑われ、精神科に連れてこられた子どもの話をじっくり聞くと、その子ども自身が家で虐待を受けていたという経験をしたことが何度かある。

このようないじめっ子を擁護するわけではないが、親への怒りがたまりにたまっていて、自分より弱い相手を攻撃することによってしか鬱憤晴らしができなかったのだろうと思う。こうして攻撃が連鎖していくわけで、背筋が寒くなる。

自傷行為と家庭内暴力

親に怒りをぶつけられないまま、怒りがどんどんたまっていくと、自傷行為の形で表れることもある。

「虐待を体験した人々に自傷行為が発生しやすい」ことは、林直樹・帝京大学医学部附属病院メンタルヘルス科教授が指摘しているが（『リストカット――自傷行為をのりこえる』）、私自身も長年の臨床経験から同じ印象を抱いている。

その最大の原因は怒りだろう。親に直接ぶつけられない怒りがたまっていく一方なので、反転させて自分自身に向けるしかなくなる。だから、リストカット（手首自傷）やオーバードーズ（過量服薬）などの自傷行為に走るわけである。

とくにリストカットでは、親への怒りが激しい印象を受ける。リストカットを繰り返す少女のなかには、「親に腹が立つけど、親にナイフを向けるわけにはいかないので、その代わりに手首を親だと思って切っている」と訴える者もいるからだ。この少女は、自分の手首と親を同一視して切っているわけだが、それ以外に怒りをぶつける手段がないのだろう。

もっとも、怒りを自分自身に向けている状態がずっと続くわけではない。そのうち、親への暴言が始まることも少なくない。男の子の場合、親を殴ったり、家具や家電製品を壊したりする家庭内暴力が始まることもある。親への暴言や家庭内暴力が始まると、自傷行為はおさまることが多い。

つまり、「攻撃性が自分に向いて自傷行為、自殺未遂が頻発する状態と、攻撃性が外部に向けられる状態が交互に出現する」わけで、これは「怒りの矛先《ほこさき》が自分と他者との間を行き来する」ためである（同書）。

攻撃性を自分に向けるにせよ、外部に向けるにせよ、そもそもの原因は親への怒りなのだが、子どもを攻撃する親の多くは、第二章で述べたように自分は正しいと思い込んでいるので、子どもの怒りを理解しようとしない。いや、むしろ、**親自身の価値観に固執している限り理解できない**というべきかもしれない。

そのため、子どもとしては、「いくら言ってもわかってもらえない」という絶望感と無力感にさいなまれる。やがて、「何度言っても、結局わかってもらえなかった。もう言葉では通じない」と思うようになり、自傷行為もしくは家庭内暴力という暴力的な手段によって訴えるしかなくなる。

それでも、相変わらず自分は正しいと信じており、自傷行為や家庭内暴力の形で表れた子どもの叫びを理解しようとしない親が少なくない。だから、子どもは「これだけやってても、まだわかってくれないのか」と心の中で叫びながら、どんどんエスカレートしていく。

自傷行為と家庭内暴力は、一見真逆のように見えるかもしれないが、その根底に潜んでいるのは、いずれの場合も親への怒りであり、その矛先を自分に向けるか、外部に向けるかという点で違うだけである。

暴君化する子ども

家庭内暴力がエスカレートして、親の生命を脅かしかねないすさまじい暴力へと発展することもある。親の背中に熱湯をかけたり、親に向かって二階のベランダから植木鉢を投げつけたり、親に包丁を突きつけたりする。さらに、親に無理な要求をすることもあり、そうなるともう暴君である。

このように子どもが暴君化すると、親は子どものどんな要求にも応えるようになり、まるで奴隷のように子どもに仕えてしまう。つまり親が奴隷化するわけだが、これは、「怒らせたら、また暴力を受けるのではないか」と危惧して、まるで腫《は》れ物に触るように子どもに接するからだろう。

暴君化した子どもが、困り果てた親によって精神科病院に入院させられることもある。そういう患者を私自身が主治医として担当したこともあるのだが、入院中に診察して感じたのは、親への怒りと復讐願望である。

だいたい、不登校や職場不適応などをきっかけにしてひきこもるようになり、やがて家の中で親に暴力を振るうようになって、暴君化した事例が多い。しかも、ひきこもりも家庭内暴力も長期化していて、子どもは先が見えない不安と自分ではどうしようもない絶望感にさいなまれている。

こういう状況では、本人がイライラするのは当然なのだが、注目すべきは「お前のせいだ」と親を責め、暴言を浴びせたり、暴力を振るったりすることである。このように親のせいにする背景には、自分が行き詰まっているのは自分が不甲斐ないせいだとは思いたくなくて、他の誰かのせいにせずにはいられず、とりあえず目の前にいる親に責任転嫁するしかないという事情もあるだろう。

だが、親を責める言葉を聞いていると、必ずしも責任転嫁のためばかりとはいえず、一抹の真実が含まれているのではないかと思うことも少なくない。

たとえば、「お前が、俺に過剰な期待をして勉強させたせいだ」「お前が、兄貴と俺を比べてばかりいたから、こうなったんだ」「お前のせいで中学受験をさせられたが、そのために犠牲にした子ども時代を返せ」といった言葉である。

親が子どもに過剰な期待をしたからといって、兄弟と比べたからといって、中学受験をさせたからといって、子どもがみな不登校やひきこもりになるわけではない。だが、何らかのきっかけで学校や会社に行けなくなり、鬱屈した日々を過ごしている子どもとしては、その原因探しをせずにはいられない。その結果、親から言われたことやされたことにたどり着くわけで、そういうことが実際にあったのかと親に尋ねると、たいてい事実だということがわかる。

このような精神科医としての臨床経験から、子どもが暴君化する最大の原因は、親への怒りと復讐願望だと断言できる。親のほうは自覚していないかもしれないが、やはり子どもの怒りをかき立てるようなことをしてきて、しかも**子どもの怒りと真正面から向き合おうとしなかったから**こそ、復讐されるのだとしか思えない。

「勝ち組教育」にこだわる価値観

それでは、何が子どもの怒りをかき立てたのかという話になる。もちろん、子どもへの暴力や暴言、無視やネグレクトもその一因なのだが、それだけではない。「いい学校」「いい会社」に入ることこそ幸福につながるという価値観にとらわれ、勉強を最優先させる「勝ち組教育」がかなり大きな比重を占めているという印象を私は抱いている。

不登校やひきこもりの若者たちの再出発を支援するＮＰＯ法人「ニュースタート事務局」代表の二神能基氏も、「『勝ち組』になるしか生きる道はない」という狭い価値観によって、子どもを追い込むような教育のあり方を問題にしており、「『勝ち組教育』がすべての根源」と主張している（『暴力は親に向かう――いま明かされる家庭内暴力の実態』）。

もちろん、どんな親でも「子どもを勉強のできる子にしたい」「子どもをいい学校、いい会社に入れたい」などと願う。この手の願望の根底には、子どもの幸福を願う気持ちだけでなく、「子どもを『勝ち組』にして自慢したい」「子どもが『負け組』になったら恥ずかしい」という気持ちも往々にして潜んでいるが、ほとんどの親は自覚していない。

こういう不純な気持ちも入り交じっているので、「勝ち組教育」にこだわる親は、子どものありのままの姿をなかなか受け入れられない。なかには、できの悪い子どもは自分の子とは思いたくない親もいる。

こういう親の気持ちは、口に出さなくても、以心伝心で子どもに伝わるものだ。もちろん、「なんでお前はできないんだ」と子どもに言う親もいるだろう。いずれにせよ、「勝ち組教育」にこだわる親によって子どもも洗脳され、「『勝ち組』になれなければ、だめなんだ」と思い込むようになる。

それで一生懸命勉強して、うまくいっている間は、問題が表面化することはない。だが、一握りのきわめて優秀な人を除けば、ずっと「勝ち組」でいられるわけではない。いつか、どこかでつまずくときがやってくる。そういうとき、親の「勝ち組教育」によって洗脳された人ほど、なかなか立ち上がれない。

頑張って「いい学校」に入ったのに、些細なきっかけで不登校になって長期化することもあれば、せっかく就職した会社を辞めた後、「いい会社」にこだわりすぎて再就職先が見つからないこともある。

これは、「『勝ち組』になるしか生きる道はない」という狭い価値観を親から刷り込まれてきたせいで、つまずいたときに、別の道を思い浮かべることも、探すこともできないからだろう。

仮に別の道を選んだとしても、それまでの自分を支えていた「勉強ができる」というプライドがわざわいして、「自分は『負け組』だ」というコンプレックスに常にさいなまれる。それが、そこから這い上がろうとする気力をそぐこともある。

そういう事例を精神科医として数多く診察してきた。だから、「『勝ち組』になるしか生きる道はない」という価値観を子どもに押しつけ、狭い一本道に追い込んできた親は、自らの「勝ち組教育」のせいで立ち直れなくなった子どもが家庭という密室で暴君と化し、親を奴隷のように扱うようになったら、それを子どもからの復讐と受け止めるべきだと思う。そして、自分が正しいと信じてきた価値観に疑問符を打たない限り、子どもの暴君化を止めることはできないだろう。

家庭内ストーカー

子どもが家庭内で暴君化すると、「家庭内ストーカー」になることもある。「家庭内ストーカー」は、精神障害者移送サービスの「トキワ精神保健事務所」を創業した押川剛氏によれば、「年齢は三十代から四十代が主で、ひきこもりや無就労の状態が長くつづいている。暴言や束縛で親を苦しめる一方で、精神科への通院歴があることも多く、家族は本人をどのように導いたら良いのか分からないまま手をこまぬいている」(『「子供を殺してください」という親たち』)。

もう一つの特徴として押川氏は、「本人に立派な学歴や経歴がついていること」を挙げている。「中学や高校からの不登校というよりは、高校までは進学校に進みながら、大学受験で失敗した例や、大学卒業後、それなりの企業に就職したが短期間で離職したような例が多い。強烈な挫折感を味わいながらも、『勉強ができる』という自負がある」(同書)。

こうしたケースは、押川氏の事務所へもたらされる相談事例のなかで近年爆発的に増えているそうだが、私自身も同様のケースについて相談を受けることが少なくない。だいたい、知り合いの医者からの相談で、「子どもがひきこもっていて、家庭内暴力もひどい。どうしたらいいか」というものだ。押川氏の印象とは少々異なり、中学や高校で不登校になったケースが多いという印象を私は抱いている。

たとえば、大きくなったら医者になるのが当然という雰囲気の家庭で育ち、小学校低学年の頃から中学受験のための塾に通って、私立の中高一貫の進学校に入学したものの、できる子ばかりが集まっている進学校では成績が下位に低迷し、そこで不登校になったケースがある。あるいは、名門大学の医学部への入学を目指して何年も浪人したが、どうしても合格できず、ひきこもるようになったケースもある。

医者以外の道を選んでも、それまでの自分を支えていた「勉強ができる」という自負がわざわいするのか、なかなかうまくいかない。もう一度大学受験に挑戦して医学部以外の学部に入っても、「あんなレベルの低い奴らと一緒に勉強するのは嫌だ」と言って中退したり、やっと仕事が見つかっても、「思っていた仕事と違う」と言ってすぐに辞めたりする。

当然、無就労の状態が長く続くわけで、結果的にひきこもりになる。そして、家庭内で「こんなふうになったのは、お前のせいだ」と何時間でも親を責め続けることもあれば、親を蹴ったり突き飛ばしたりすることもある。しかも、就寝中の親を起こして暴言を吐いたり、暴力を振るったりすることもあるので、親は慢性的な睡眠不足に陥り、心身ともに疲れ切る。

このような親子関係は、「親への執拗《しつよう》な攻撃、抑圧、束縛、依存、そして一線を超えたときには殺傷事件に至る」という点で、一般的な異性関係のストーカーと構造がよく似ているため、押川氏は「家庭内ストーカー」と命名したという。

暴君と化した子どもを見ると、なぜ親をここまで攻撃するのかと首を傾げずにはいられない。だが、子どもの訴えをじっくり聞くと、親がやってきたことに対するしっぺ返しとしか思えない。

たとえば、幼い頃から勉強を強要され、友達と遊ぶこともできなかったとか、成績が悪いと、口をきいてもらえなかったとか、少しでも口答えすると、「親に向かってどういう口のきき方をするんだ！」と怒鳴られたとかいう話を聞くことが多い。また、子どもが挫折や失敗に直面したときも、親は慰めるどころか逆に「どうしてできないんだ」「どうしてそんなにだめなんだ」などと叱責したという話もしばしば聞く。

こういう家庭環境では、常に緊張感が漂っていただろうし、子どもが安心感を得るのも難しかっただろう。したがって、子どもが「家庭内ストーカー」になった背景には、ほとんどの場合無自覚のまま子どもを攻撃したり、支配したりした親の存在があると私は考えている。

押川氏も、「家庭内ストーカーとして、『暴君』と成り果てている子供たちも、その生育過程においては、親からの攻撃や抑圧、束縛などを受けてきている。過干渉と言えるほどの育て方をされる一方で、そこに心の触れ合いはなく、強い孤独を感じながら生きてきたのだ」（同書）と述べている。

まったく同感だ。つまり、「親からの攻撃や抑圧、束縛など」への復讐として子どもが「家庭内ストーカー」になったという見方もできるわけで、親の自業自得といえなくもない。

心の病になる子ども

子どもが心の病になることもある。これは当然だろう。自己肯定感が低く、罪悪感が強く、過剰な献身をしがちな人が心の病になる危険性は、そうではない人よりも明らかに高い。

だが、それだけではない。ひきこもりや拒食症の子どもたちを数多く診察してきた精神科医の高橋和巳氏は、「思春期になり、親から逃れようとする心と、従おうとする心の葛藤に悩み『心の病』になってしまう」(『子は親を救うために「心の病」になる』)と述べているが、私も同様の印象を抱いている。

その典型が、拒食症だろう。拒食症になりやすいのは、「親の期待を満たす子ども」や「手のかからないいい子」であり、圧倒的に娘が多いというのが、われわれ精神科医の共通認識である。

第一章の冒頭で紹介した二十代の女性が典型だが、過保護、過干渉、支配的な養育態度を示し、育児の達成感によって自己不全感を払拭しようとする母親に育てられたケースが多い。平たくいえば、娘を自分の思い通りに育てようとし、〝お人形〟のように扱う母親だ。

思春期になって問題が起こるのは、**親から徐々に自立していくべき時期にもかかわらず、相変わらず娘を支配しようとする母親に対して、娘は〝いい子〟であるがゆえに反抗することができないからだ。**そのため、「親から逃れようとする心と、従おうとする心の葛藤」、つまり自立と依存をめぐる葛藤に悩まされる。

この葛藤をうまく処理できないと、無力感と絶望感にさいなまれる。それを払拭する手段の一つが、ダイエットによって体重を低くコントロールすることだ。母親にコントロールされていて、自分で自分をコントロールできているという感覚を持てないからこそ、体重をコントロールしようとするのだともいえる。

このようなコントロール欲求、つまり支配欲求が拒食症の根底に潜んでいる。拒食症が悪化すると、体重が三〇キロを切って、生命が脅かされる危険な状態になることもあるのだが、そういう状態になった娘が発した「母は長い間私を支配してきたので、今は私が母を支配すべきなのよ」（『ゴールデンケージ――思春期やせ症の謎』）という言葉こそ、拒食症の核心をついていると私は思う。

なぜ、拒食症になると母親を支配できるのか？　体重が激減して危険な状態に陥った娘を前にして、母親は右往左往し、娘の拒食症を治すためなら何でもするという心理になるからだ。なかには、娘に振り回される母親もいる。したがって、拒食症は、ずっと娘を支配してきた母親に対する復讐という見方もできる。

親への復讐という点では、うつも同様である。フロイトは、メランコリー（うつ）の病理について、「彼らの敵意を直接にしめすわけにゆかないので、みずから病気になって、その病気を通じて愛する者を苦しめるのである。患者の感情障害をひきおこす相手、彼の病気がめざしている相手の者は、ふつうは患者の身辺にいる」と述べている（「悲哀とメランコリー」）。

いいかえれば、「患者は自己処罰という回り道をとおって、もとの対象に復讐する」（同論文）というわけで、復讐したい「もとの対象」が親であることも少なくない。

たとえば、兄との格差に悩みながらも、親孝行すれば喜んでもらえるだろうと考え、必死で働いて親に経済的援助をしてきた〝搾取子〟である弟が、自分が親に渡したお金で両親と兄が遊び回っていることを知って、落ち込んでうつになる場合。

もちろん、うつの一因として、いくら頑張っても自分は親に愛されず、兄が相変わらず〝愛玩子〟であることを思い知らされたショックがあるだろう。だが、それだけではない。やはり、親に対する強い怒りがあると私は思う。

古代ローマの哲学者、セネカの「怒りとは、不正に対して復讐することへの欲望」という言葉通り、怒りからは復讐願望が生まれる。だから、復讐のためにうつになるという見方もできる。うつになって動けなくなれば、親にお金を渡すことができなくなり、親が困る可能性が高いからだ。

拒食症にせよ、うつにせよ、親への復讐願望を満たすには、自分が心の病になる「自己処罰」によって「もとの対象」を苦しめるしかないところに、最大の悲劇があるのではないだろうか。

第四章

処方箋——無理に許さなくてもいい

この章では、子どもを攻撃する親にどう対処すればいいのか、解説する。

親を変えるのはほとんど不可能

まず肝に銘じなければならないのは、**この手の親を変えるのはほとんど不可能**ということである。なぜかといえば、第二章で述べたように、こういう親の多くが、自分は正しいと思い込んでおり、子どもを攻撃している自覚も支配している自覚もないからだ。たとえ自覚があっても、親はあくまでも子どものためにやっていることだと信じている。

親自身がかなえられなかった夢を子どもに実現させようとして、スパルタ教育を施し、ときには暴力を振るっていても「こうすることが子どもの幸せになるのだから、心を鬼にして叱咤激励するしかない」と思っていることが少なくない。

あるいは、「自分は子どものためにいろいろなものを犠牲にしてきたのだから、子どもを自分の思い通りにしようとしても許されるはずだ」と考えている場合もある。「三つ子の魂百まで」ということわざ通りで、親のこうした思い込みは、おそらく死ぬまで治らないだろう。

私自身、母に「お母さんが正しいと思っていることを、私は必ずしも正しいとは思っていない。それに、お母さんの幸福と私の幸福は違う。だから、私の生き方を認めてほしい」というメッセージを送り続けてきたが、母の考え方は変わらなかった。

そのため、母の幸福と私の幸福は違うという私にとっては当たり前のことを、母に認めさせるのはとても難しいと感じている。八十歳を超えた母と向き合うたびに、「この人は自分が絶対正しいと信じている。だから、この人を変えようとしても無理だ」と痛感する。

そう感じるのは私だけではないようだ。知り合いの四十代の女性の話を紹介しよう。

「母は昔から、私のやろうとすることに、いちいち口出しをしてきました。たとえば、中学校でブラスバンド部に入りたかった私に対し、母は『若いうちは体を鍛えなければいけない』と反対し、運動部への加入を強制しました。私は仕方なくバスケットボール部に入ったのですが、思いのほか練習が厳しく、中一の後半には挫折。母は、退部によって無駄になった練習着を私に投げつけ、『せっかく買ったのに無駄になったじゃない！この根性なし！』となじりました。

友人を家に連れてきたとき、その人の前で『こんな人とつき合っちゃだめよ』と言われたこともあります。母が気に入らなければ、許してもらえないという状況でした。

高校卒業後、母は私を歯科衛生士の学校に通わせようとしました。どうやら知り合いから、『歯科衛生士は安定した仕事だ』と吹き込まれたようなのです。でも、私はまったく興味がありませんでした。だから、私は母と激しく衝突し、高校卒業後に家を出ました。

その後も母は、私のすることに文句をつけてきました。私の結婚にもずっと反対していて、結婚式ではまったく笑顔がありませんでした。結局、私は実家に帰る機会も少なくなり、数年前に父が亡くなった後は、母とはほとんど連絡も取っていませんでした。私には二歳下の弟もいますが、そちらも実家とは疎遠になっているようです。

突然、母から電話が入ったのは昨年のことでした。初期の胃がんが見つかり、入院したというのです。さすがに放ってはおけず、私は病院に駆けつけました。すると、母は私の手を取り、『今まで厳しくしてすまなかった』と言って泣きました。

そのとき、私も思わず泣きました。そして、これまで母と距離を置いてきたことを、本当に申し訳なく思ったのです。母が入院していた病院は、車で片道一時間半ほどかかる場所にありましたが、私は二日に一回以上は顔を出すようにしていました。

最初のうち、母との関係はとても和やかでした。ところが、手術が終わって一週間ほど経つと、母の態度は徐々に変わってきたのです。私が忘れものをすると、『どうして言われたこともできないんだい！』と大声を出します。また、私の子どもたちの進路が気に入らないらしく、いちいち嫌みを言います。

最初は、母は昔と変わったと思いました。ところが、言いつけを聞かないと不機嫌になるところは、今もまったく同じです。最近では、『やっぱり、母とは会わないほうがよかったのかなあ……』と後悔することもあります」

人間の根本的な性格は、なかなか変わらない。この女性の母親のように表面的には変わったように見えても、時間が経つにつれて本来の性格がひょっこり顔をのぞかせることも少なくない。

ひどい親だということに気づくべき

攻撃的な親にずっと悩まされ続けていると、いつかは、自分が受けた苦しみを親に理解してほしいという願望、あるいは理解してもらえるのではないかという期待を抱くかもしれない。

だが、攻撃的な親があなたの痛みを理解してくれるなんて、ほとんどありえない。まして、謝罪など望むべくもない。だから、親がいつかは心を入れ替えて、あなたの痛みを理解し、謝罪してくれるなどという幻想は捨てるほうが身のためだ。

こういう期待や幻想を抱くのは、法廷で、被害者や家族が、人生をめちゃくちゃに破壊した加害者に、自らの犯罪行為の重大性を認識し、謝罪してほしいと望むのと同じである。被害者の痛みに共感して、心の底から後悔するような犯罪者は、ごくまれだということを認識すべきだろう。

自分の親を犯罪者同様の人間とみなすことには、抵抗があるかもしれない。しかし、

第二章で取り上げた栗原勇一郎被告を思い出してほしい。彼は、「しつけで悪いとは思っていない」と供述したが、同様の供述を虐待で告発された親がすることは少なくない。こういう親は、虐待の事実を頑として否認し、少々「行き過ぎ」の行為があったにせよ、あくまでもしつけのためであり、愛情からやったことだと自己正当化する。

しかも、我が子を「恩知らず」とののしり、罪悪感を抱かせようとすることもある。これは、先ほど述べたように自分は正しいと思い込んでいるからだ。この思い込みのせいで、何かうまくいかないことがあると他人のせいにするわけで、責任転嫁の対象が我が子であることも少なくない。

おまけに、こういう親は罪悪感をかき立てる達人であることが多い。そのため、子どものほうは自分に責任があるのだと思い込まされやすい。たとえば、鬱憤晴らしのために子どもをたたいている親が、「お前が悪いから」と責めると、子どもも「自分が悪いから、たたかれるんだ」と思い込んでしまう。

このような場合、子どもは自分を責め、罪悪感にさいなまれる。だが、本当に悪いのは、鬱憤晴らしのために子どもをたたく親なので、ひどい親だということにまず気づかなければならない。

自分の親がひどい親だという事実は受け入れがたいはずだ。だからこそ、多くの子どもが、親からどれだけひどい仕打ちを受けても、現実から目をそむけ、「自分のためを思うからこそ、やっているんだ」「自分が親孝行すれば、こんなことをされなくてすむはず」などと自分に言い聞かせる。

だが、このように現実をねじ曲げて、いい親だと無理に思い込もうとするからこそ、つらくなる。ときには、体の調子が悪くなって、頭痛や腹痛、動悸《どうき》や吐き気などの症状が出ることもある。だから、ひどい親だということに一刻も早く気づくべきだ。そして、こういう親に理解してもらおうなどという甘い考えを捨てなければならない。

親に対して怒りや憎しみを抱いてもいい

ひどい親だということに気づいたとたん、これまで親から受けた仕打ちや浴びせられた暴言が脳裏に浮かんで、怒りを覚えるかもしれない。憎しみさえ抱くかもしれない。

こんなネガティブな感情を親に対して抱くなんて、とんでもないことだと思う方もいるはずだ。そういう方は「なんて悪い子どもなんだ」と自分を責め、罪悪感を抱くだろうが、その必要はない。

なぜかといえば、親に怒りや憎しみを抱くのは、むしろ自然なことで、多少は誰にでもあるからだ。もちろん、親に対して愛情だけを抱くほうがいいに決まっているが、人間の感情はそんなに簡単ではない。むしろ、さまざまな感情が入り交じっている人が圧倒的に多い。

それを見事に言い表したのが、「愛憎一如《あいぞういちにょ》」という仏教用語である。愛と憎しみは「あざなえる縄」のごとく、密接に結びついているという意味であり、男女関係でも深く愛すれば愛するほど、裏切られたときの怒りと憎しみは激しくなる。

親子関係でも同様だ。親に愛されたいという愛情欲求が強いからこそ、粗末に扱われたり、ひどい言葉で口汚くののしられたりして、親から愛されていないように感じると、腹が立つ。そして、自分がいくら頑張っても、親の愛情を得られないことを思い知らされると、憎しみさえ覚えるようになる。

つまり、親に愛してほしいのに、愛してもらえないからこそ、怒りや憎しみを抱くわけで、その裏側には愛がある。このように愛と憎しみという相反する感情を同一人物に対して抱くことを、精神分析では「アンビヴァレンス（ambivalence）」と呼ぶ。「両価性」と訳され、その意味するところは「愛憎一如」とほぼ同じだ。

仏教と精神分析は全然違う。にもかかわらず、愛と憎しみという相反する感情を同一人物に対して抱きうることを、それぞれが別の言葉で説明したのは、このような精神状態が人間にとって普遍的なものだからだろう。

だから、あなたが親に対して怒りや憎しみを抱いていても、そのことで罪悪感を覚える必要はない。なぜならば、それは強い愛の裏返しだからだ。第一、あなた以外にも、親への怒りや憎しみを抱いている人は少なくない。だから、そういう感情があるのは、人間としてむしろ当たり前なのだと考えるべきだ。そう考えれば、自分を責めずにすむので、気が楽になる。

親を許す必要はない

自分の親がひどい親だと気づいたら、親を許す必要はない。これは、ベストセラーになった『毒になる親――一生苦しむ子供』の著者、スーザン・フォワードも言っていることである。

フォワードは、「あなたが自分に対して良好な関係を持ち、自滅的な人生を建設的なものに変えるためには、必ずしも親を許す必要はない」と断言し、「『許し』こそ『癒し』の第一歩だ」とする考え方に異を唱えている。

その理由として、「『許す』ことの落とし穴」を挙げ、次のように述べている。

「人間の感情は理屈に合わないことを無条件で納得できるようにはできていない。許さないといけないいからという理由で無理やり許したことにしてしまっても、それは自分をだましているだけなのである。そのもっとも危険な点は、閉じ込められた感情がそのままになってしまうということだ。それで怒りが本当に消えたわけではもちろんなく、心の奥に押し込まれているのである。しかし『許した』と言っている以上、その怒りを認識することなどできるわけがない」

心の奥に押し込まれていて、認識することができない感情を、精神分析では「抑圧された感情」と呼ぶ。とくに、「抑圧された怒り」は、さまざまな形で表面化して我々を悩ませる。だいたい、次の二つの形で表に出てくる。

まず、第三章で述べたように、心の病になる場合。とくに、うつになることが多い。怒りや敵意を直接親に向けることができないと、反転させて自分自身に向ける。そして、病気になって、親を苦しめようとする。つまり、自己処罰という回り道を通って親に復讐しようとするわけだが、ほとんどの場合無自覚である。

もう一つは、第二章で取り上げた怒りの「置き換え」によって、怒りの矛先を向け変え、全然関係ない相手にぶつける場合。

平たくいえば八つ当たりである。親に対して怒りたいのに、怒ってはいけないと思って抑圧していると、怒りがどんどんたまっていく。ため込んだ怒りをどこかで出さないと心のバランスが取れないので、誰でもいいから八つ当たりしてしまう。そのため、常にイライラしているように見え、「切れやすい人」「怖い人」などと周囲から言われることが多い。

いずれにせよ、親を無理に許そうとして、自分自身の怒りから目をそむけると、あまりいい結果をもたらさない。第一、怒りは、何か受け入れがたいことがあると警告してくれるサインなのだから、自分の怒りときちんと向き合わなければならない。

あなたが侮辱されたとか、ないがしろにされたとか、利用されたとか感じているからこそ、怒りがこみ上げる。だから、怒りを覚えたら、その原因が何なのかをきちんと分析すべきだ。そして、その原因が親にあり、親が反省も謝罪もしないのなら、必ずしも親を許す必要はない。むしろ、自分自身の感情に忠実になるべきである。

許そうと躍起になるのをやめる

親を許せなくて悩んでいる方には、許そうと躍起になるのをやめることを何よりもお勧めする。

理由は簡単だ。許そうと躍起になる真面目で純粋な人ほど、なかなか許せない自分を責め、何とか許そうとする気持ちと決して許せない気持ちの葛藤に悩まされるからである。このような葛藤から抜け出すには、「許さなければならない」という倫理観をうのみにするのをやめなければならない。

「許さなければならない」という倫理観を我々は子どもの頃から家庭でも学校でも教え込まれてきた。また、こういう倫理観は社会全体でも盛んに喧伝されているし、それをお題目として唱えている宗教もある。

しかし、考えていただきたい。簡単にできることであれば、「○○しなければならない」と教え込む必要はないのではないか。実際には、許すことが難しいからこそ、「許さなければならない」と家庭でも、学校でも、社会でも繰り返し教える必要があるのだ。

こういう倫理観を教え込むのは、フロイトが「文化への不満」でいみじくも指摘しているように、「人間は人間にとって狼」だからである（『幻想の未来／文化への不満』）。

フロイトによれば、人間は、「自分の攻撃衝動を向け、労働力を代償なしに搾取し、同意なしに性的に利用し、その持ち物を奪い、辱め、苦痛を与え、拷問し、殺害するよう誘惑する存在」だ（同書）。

残念ながら、これは真実だと認めざるを得ない。しかも、本書でこれまで見てきたように、親が無自覚のまま子どもに攻撃衝動を向けることも、苦痛を与えることもある。場合によっては、親が子どもを同意なしに性的に利用することも、殺害することもあるだろう。

親のせいで害を受けたら、許せないと怒るのは当然だ。怒りには、第三章で述べたように復讐願望がつきものなので、いかなる歯止めもなければ、「やられたら、やり返す」とばかり、復讐を果たそうとしても不思議ではない。

すると、どうなるか。親を攻撃し、最悪の場合には親殺しの罪を犯すかもしれない。親のほうも、殺されてはたまらないから、「やられる前に、やろう」とばかり、子殺しの罪を犯すかもしれない。

親殺しや子殺しが頻発するようになれば、家庭も社会も崩壊しかねない。そんなことになっては大変だから、「許さなければならない」と教え込んで歯止めをかけようとするのだ。このことを、「許さなければならない」と思いながらも、許せないと悩んでいる方は是非念頭に置いてほしい。

もちろん、許すことができるほうがいいが、実際には許せない場合が少なくない。たとえば、子どもの頃に親のせいで経験したつらくて悲しい出来事がもたらす苦痛な記憶にいまだに悩まされているとすれば、親を許せなくて当然だ。子どもだったあなたには責任がないのだから。したがって、親を許そうと躍起になるのを、一刻も早くやめるべきである。

「許さなければならない」と思い込む人は「超自我」が強い

「許さなければならない」と思い込む人は、家庭や学校、職場や社会などで暗黙のうちに自分に期待されたり要求されたりしているのは何なのかを敏感に察知して、できるだけそれに沿うようにふるまおうとする。つまり、知らず知らずのうちに「他者の欲望」を満たそうとするわけで、どうしても過剰適応になりやすい。

これは、**「超自我」**が強いせいと考えられる。「超自我」とは、「自我から分離された批判的な審判」であり、通常は「良心」と呼ばれている（「悲哀とメランコリー」）。「超自我」は、主に親から教え込まれた規範や価値観にもとづいて形成される。当然、規範意識の強い家庭で厳しく育てられたり、ただ一つの価値観だけが正しいと教え込まれたりすると、「超自我」が強くなる。

本書の事例でいうと、第一章で紹介した子どもを支配しようとする親やルールをつくって従わせようとする親は、子どもの「超自我」を強化する可能性が高い。

「超自我」が強いのは、一見いいことのように思われるかもしれない。たしかに、「超自我」が強い人は、親から刷り込まれた良心に従って行動することが多く、他人から後ろ指を指されるようなことをしてはいけないといつも自分に言い聞かせているので、「いい人」になろうと最大限の努力をする。

ただ、「過ぎたるは及ばざるがごとし」という言葉もあるように、「超自我」があまりにも強いと、かなり頑張っていても、結構うまくいっていても、自我に対して異常な過酷さや厳格さを示すことがある。そのため、他の人であれば気にしないような些細なことで罪悪感にさいなまれ、「自分はだめだ」と思ってしまう。

また、「○○しなければならない」という意識が強いので、「許さなければならない」とも思っており、他人を許そうとする。ところが、自分に対して厳しいだけに、他人に対しても厳しくなってしまい、なかなか許せない。そのせいで、許せない自分を責めることも少なくない。

親に対しても「許さなければならない」という思いが強く、許そうとはするのだが、どうしても厳しいまなざしを向けてしまい、なかなか許せないこともあるかもしれない。これは、おそらく「超自我」が強いせいだろう。

このような強い「超自我」は、長年にわたって親から刷り込まれた規範意識や価値観の影響を色濃く受けている。だから、どうしても親を許せない場合、親の厳しすぎる規範意識や画一的な価値観に疑いのまなざしを向けるべきである。

無理に許そうとすると症状が出現

許そうと躍起になるのをやめることを私が勧めるのは、無理に許そうとしているうちにさまざまな症状が出現するようになった事例をいくつか知っているからだ。

たとえば、三十代の女性は、子どもの頃から過保護・過干渉の母親にずっと悩まされてきたが、反論も反抗もできなかった。そのため、大人になってからは母親を許せないと思い、できるだけ距離を置くようにしていた。

この女性は、中学生の頃に摂食障害で精神科に通院していたことがある。主治医から「お母さんが過保護で、娘さんを自分の思い通りにしようとしている」と注意されたこともあって、母親はしばらくの間は娘の生活に干渉するのを控えていたようなのだが、摂食障害が治ると、また何にでも口出しするようになった。摂食障害が治ったといっても、完治したわけではなく、この女性は、母親から「○○しなければならない」と説教されるたびに、母親に隠れて食べて吐くことを繰り返していたという。

それでも、大学を卒業し、就職してから、一人暮らしをするようになった。母親から電話がかかってくるたびに頭痛がしたり、そういう日に限って夜眠れなくなったりすることはあったものの、できるだけ実家と距離を置くようにしていたので、過食も嘔吐もおさまっていた。

やがて、職場の先輩と結婚した。この女性は、摂食障害に関する本を片っ端から読んでおり、支配的で、何でも自分の思い通りにしないと気がすまない自分の母親は、娘が摂食障害になりやすい母親の典型だということに気づいていた。また、そういう母親を許せないとも感じていたので、できれば自分の実家とは距離を置きたいと思っていた。ところが、夫は「君が実家に戻らなかったら、夫である僕が行かせないようにしていると思われる」と、実家に全然足を向けようとしない妻を戒めた。

この女性は、子どもの頃、勉強も習い事も母親の言いつけ通りにしないと激しくたたかれたことや、母親の気に入るような友達としか遊ばせてもらえなかったことをいまだに許せないと、夫に話そうかとも思った。だが、自分の親の悪口なんか言うと嫌われると思って、やめた。夫の両親は、二人ともとても優しく、息子の自主性を尊重するようなタイプだったということなので、この女性の母親のようなタイプが存在すること自体、想像できなかったのかもしれない。

優しい夫の影響もあって、この女性は、母親を許さなければならないと思うようになった。許せないという思いをずっと引きずっているのは自分としても嫌だったし、自分は結婚して姓も変わったのだから、母親も少しは遠慮するだろうと期待したからだ。

だが、甘かった。就職してから実家とは疎遠になっていた娘が、結婚してから夫と一緒に頻繁に実家に来てくれるようになったので、うれしかったのだろうか。それとも、少々のことは許されると思ったのだろうか。母親は、娘の新婚生活にしきりに干渉するようになったのだ。

何よりも苦痛だったのは、「とにかく、早く孫の顔を見せて」と母親がしばしば言うようになったことだ。

この女性は、子どもの頃から母親から操り人形のように扱われてきたと感じていたので、自分が子どもを産んだら、同じように支配的な母親になるのではないかと恐れていた。

そのうえ、仕事にやりがいを感じていたので、どうしても子どもを産みたいとは思わず、できれば産みたいくらいに思っていた。夫も、「今はまだ僕の給料が安いから、急ぐ必要はない」と賛成してくれた。

ところが、結婚して二年経っても妊娠しなかったので、母親は、「すぐに産まないと、手遅れになる」と言いだし、不妊治療専門の病院のパンフレットまでもらってきた。おまけに、夫にまで「不妊は、男性の側に問題があることもあるらしいので、一緒に検査を受けたほうがいいですよ」と言った。

そのとき、いつもは温厚な夫の顔色がさっと変わったのがわかった。この女性は「私はお母さんみたいな母親になりたくないから、子どもを産みたくないのよ！」「お母さんがうちに毎晩のように来て、ぐじゃぐじゃ言うから、夜の生活ができないんじゃないの！」と叫びたかったたが、さすがにそれはできなかった。

その晩、十年ぶりくらいに食べて、吐いた。母親の無神経な過干渉に嫌気がさしたのか、優しい夫の愛情を失うことを恐れたのか、あるいは全然変わらない母親に対して怒りと無力感を覚えたのか……。いずれにせよ、母親を許そうとして懸命に頑張ってきたけれど、やはり無理という現実に直面して、過食と嘔吐という症状が再び出現したのである。

このように無理に許そうとしているうちに心身の症状が出現することは、結構ある。

内部にどこか具合の悪いところがあって、それが表に出たのが症状なので、症状を自覚した時点で、その原因になったと思われることをいったんやめるべきだろう。

幸福こそ最大の復讐

やはり、いくら優しい夫の勧めとはいえ、母親を許すにはまだ機が熟していなかったのではないか。もう少し時間が経って、母親がもっと弱ったら、哀れみから許せるようになるかもしれない。あるいは、この女性が出産して母親になったら、自分の母親が娘を思い通りにしなければ気がすまなかった理由を多少は理解できるようになるかもしれない。

もっとも、母親のほうがこれから大きく変わる可能性はきわめて低い。また、母親が、娘に対してやってきたことを反省したり、そのことで謝罪したりするとも思えない。母親として当然のこと、いやむしろ正しいことをやっただけなのに、なぜそのことで責められなければならないのかと思っているはずだ。

「孫を産め」の一点張りで、不妊治療専門の病院のパンフレットをわざわざもらってきたのも、自分の価値観にもとづいて、それが娘の幸福のためだと信じているからだろう。

このように自分が正しいと信じている親を許せないのは、当然だ。こういう親は、自分が正しいと信じているので、反省も謝罪もしないはずで、そういう姿勢を目の当たりにすると、一層許せなくなるだろう。

だから、この女性が現時点で母親を許せないのは、仕方がない。そのことで、自分を責める必要はない。むしろ、無理して許そうとし続けていると、症状がさらに悪化するかもしれないし、夫との関係もぎくしゃくするかもしれない。

こういう場合は、許そうとする努力をいったん中断して、独身の頃と同じように、母親と距離を置くのが賢明だろう。幸い、優しい夫に恵まれているようなので、母親の干渉をしばらくシャットアウトして、二人で幸せな家庭を築けば、いつの間にか許せるようになるかもしれない。

その場合、**「幸福こそ最大の復讐」**を座右の銘にして、「母親のような母親にはならない」「母親よりも幸せな家庭を築く」ことを目標にすべきである。実現すれば、幸福願望も復讐願望も同時に満たせるのだから。

親を許せない自分を許すために

「許さなければならない」という倫理観を捨てて、許そうと躍起になるのをやめたら、気持ちがかなり楽になるはずだ。それでも、親を許せないことに罪悪感を覚える方は、親を許せない自分を許すにはどうすればいいかを考えなければならない。

そのための第一歩は、現実の自分と向き合うこと。親への怒りと復讐願望が自分の心の中に潜んでいて、そのせいで親を許せないのだという現実を受け入れなければならない。そのことで、自分を責める必要はない。怒りも復讐願望も誰の心にもあるし、そのせいでなかなか許せないのも、あなただけではない。みんな、許せないことで悩み、もがいているのだ。

親を許せない自分を受け入れて許せるようになれば、親に対するまなざしも変わるだろう。たとえ今は親を許せなくても、時間が経つにつれて、許してもいいと思えるようになるかもしれない。許しても、許さなくても、どっちでもいいと思えるくらい、こだわらずにすむようになるかもしれない。そうなれば、しめたものである。

やはり対決は必要

支配的な親に悩まされている方から相談を受けると、「親の言う通りにしないと、機嫌が悪くなる」「親に振り回されて大変」などの不平不満がしばしば出てくる。

こうした不平不満は、親に支配されている当の本人が吐いた本音なのだろうが、親の言いなりになるほうが楽なはずと思い込んでいる場合もなきにしもあらずのように見受けられる。

こういうことを書くと、親に支配されて困っている読者の方から、「楽だなんてとんでもない！　こっちは、こんなに大変な思いをしているのに！」と反感を買いそうだ。

だが、言い返さず、親の言う通りにすることで、うまくいかなかったときに、少なくとも自分の心の中では「自分のせいではない」と言い訳できる。「親が望んだことだが、私は本心ではやりたくなかった。だから、うまくいかなかったとしても、仕方がない」と逃げ道を残せるので、責任逃れをすることも、自己愛の傷つきから身を守ることもできる。

この手の自己防衛は、しばしば用いられる。第二章で述べたように、支配的な親の支配欲求と特権意識は非常に強く、かつ傲慢《ごうまん》で強引なので、こういう親に言い返すには気力とエネルギーが必要だ。

そのうえ、いくら言い返しても、何も変えられない場合が多いので、「面倒くさい。言い返すのはやめて、親の言う通りにしよう」となりやすい。そうなるのは、ある程度仕方がないとはいえ、支配的な親の言いなりになっている人に、対決から逃げている側面があることは否定しがたい。

これは、私自身の経験からもいえることだ。第一章で述べたように、私は子どもの頃、将来は文学部に進んで記者か作家になりたいと考えていた。しかし、私の両親、とくに母は、私が医者になることを切望した。

それに対して、私はきちんと対決しなかった。一度進路調査の際に、「文学部希望」と記入して提出したら、それを母に知られて、「文学部なんか行って何になるの。就職もないし。だいたい、作家なんかになれるわけがない。医学部に行きなさい」と、こっぴどく叱られたからだ。

私の母は、自分にとって幸福なことは娘にとっても幸福なはずと思い込んでいて、自分の願望を娘に押しつけるところがあったので、何を言っても聞いてくれないだろうなあと私は思った。

そのときの私の気持ちを分析すると、だいたい次のようになる。まず、親に逆らって文学部に進んでも、就職できなかったら、その責任は自分で取らなければならず、それよりも親の言いつけ通り医学部に進むほうが安全だと思った。また、だいたいどこの大学でも医学部のほうが文学部よりも偏差値が高いので、医学部に入ったら自慢できるとも思った。何よりも、親に認められたいし、ほめられたいという気持ちが強かった。

そのため、結局、親の希望通り、医学部に進んだのだが、それで、めでたし、めでたしとはならなかった。医学部での勉強や実習は、私の本当にやりたいこととは違っていたし、私は医者に向いているんだろうかと随分悩みもした。それでも、何とか医学部を卒業し、国家試験も突破したものの、そこからが茨《いばら》の道だった。医者になってからの数年間、やはり私は医者に向いていないのではないかと悩み、本当に辞めようかと思ったことさえある。

そんなとき、母が私に見合い結婚して、田舎で開業するように勧めた。その後、母が私に内緒で医院を開業するための土地を探していたと聞いて、背筋が寒くなった。これ以上母の欲望に振り回されるのは真っ平御免だと思い、以後ずっと断り続けている。

母はその後もことあるごとに「田舎に帰って開業すればいいのに」と愚痴をこぼすが、そのたびに私は「お母さんの幸福と私の幸福は違う。私が田舎に帰って開業することは、お母さんにとっては幸福でも、私にとっては不幸」と心の中でつぶやいている。

私自身の経験を振り返って痛感するのは、大学進学の際に親ときちんと対決すべきだったということだ。文学部に進んで記者か作家になりたいという自らの欲望に私はもっと忠実になるべきだったのに、親との対決から逃げたせいで、結局つらい思いをする羽目になった。

紆余曲折《うよきょくせつ》を経て、私は物書きとして生計を立てるようになり、著書もそれなりに売れている。もちろん、文章を書くうえで精神科医としての臨床経験は役に立つし、この本の執筆依頼も私が精神科医だからこそいただけたのだとは思う。第一、医学部で学び精神科医として勤務してきたこれまでの人生をすべて否定することは、私にとって耐えがたい。そんな自己否定なんか、私はしたくない。

とはいえ、もし私が医者だけを続けていて、子どもの頃からの夢だった物書きになれないまま現在の年齢を迎えていたら、「私の人生って何だったの」と自己不全感にさいなまれていただろうと思う。

だから、親に逆らわず、言いなりになっているほうが対決するよりも楽だろうと考えて、対決から逃げている方に、私は声を大にして叫びたい。**「言い返すべきときに言い返さず、対決すべきときに対決しないと、後から大きなツケが回ってくる」**と。対決を避けることは、一見楽なようだが、長い目で見るとそうではない。

第一、自らの人生の責任は、他の誰かが取ってくれるわけではなく、結局自分で取らなければならない。それを私は自分自身の体験から身にしみて感じているので、親に支配されて嫌な思いをするくらいだったら対決することをお勧めする。

対決は自分のためにこそ必要

もちろん、対決したからといって、親が変わるわけではない。この点については、前出のフォワードも同意見のようで、次のように述べている。

「この〝対決〟をすることによって『毒になる親』が自分の非を認めて子供の言い分を聞いたり、謝ったり、自分の責任を受け入れたりすることはあり得ないという意見はまったく正しい。実際、彼らの反応はたいていその正反対で、否定したり、覚えていないといったり、反論して子供を責めたり、あるいは怒り出すこともしばしばである」（『毒になる親――一生苦しむ子供』）。

それでは、なぜ対決の必要性を力説するのかといえば、「この〝対決〟は彼らのためではなく自分のために行うものだ」（同書）からだという。親と対決しなければ、一生「心の最深部に横たわっている〝恐れ〟」（同書）に悩まされるかもしれないし、傷ついた自尊心を抱えたまま、無力感にさいなまれるかもしれない。そうならないようにするために、フォワードは親との対決を勧めているわけだが、私も同感だ。

もし面と向かって親と対決するのがためらわれるのであれば、手紙でもメールでもいい。とにかく、あなたの今後の人生のために親と対決しなければならない。

一度親と対決したら、残りの人生はできるだけ親と距離を置くべきだ。これは、逃避ではない。あなたの人生を守るために必要な防衛策である。

第五章

子どもを殺す親

この章では、子どもに対する親の究極の攻撃ともいうべき子殺しを取り上げる。

元事務次官の子殺し

二〇一九年六月、東京都練馬区の自宅で、農林水産省の元事務次官の七十代の父親が、無職で長年ひきこもり気味の生活を送っていた四十代の長男を殺害した事件は衝撃的だった。

この父親は、長男から日常的に家庭内暴力を受けていたらしく、「身の危険感じた」と話している。また、五月末に川崎市で児童ら二〇人が殺傷された事件に触れ、「長男も人に危害を加えるかもしれないと不安に思った」「迷惑をかけたくないと思った」などとも供述しているという。

事件当日は自宅に隣接する小学校で運動会が行われており、「（音が）うるせぇな。ぶっ殺してやる」と騒ぐ長男を父親が注意し、口論になったらしい。

長男の家庭内暴力が始まったのは中学二年のときで、当時長男は東大への進学実績が高い都内の中高一貫校に通学していた。当時のことを長男自身が二〇一七年にツイッターに書き込んでいる。

〈中2の時、初めて愚母を殴り倒した時の快感は今でも覚えている〉

父親は東大法学部を卒業後、農林省（当時）に入省し、農水省トップの事務次官にまで上り詰めた超エリートだが、長男は父親と同じエリートコースを歩むことができなかった。高校卒業後、日本大学に進学し、流通経済大学へと転籍したが、学業を終えても仕事はせず、ゲームとネットにどっぷり浸かった生活を送っていたようだ。

もっとも、長男はずっと実家で生活していたわけではない。十数年間、都内で一人暮らしをしており、その間、父親が部屋を訪れて片づけなどを行っていたらしい。ところが、一人暮らしのマンションでゴミ出しをめぐって近隣住民と揉めたため、事件の一週間ほど前に長男が自ら希望して実家に戻り、再び両親と暮らし始めた。

それ以降、長男は口癖のように「ぶっ殺す」と言うようになり、事件の六日前には父親に激しい暴行を加えた。この頃、長男は「俺の人生は何なんだ」と叫ぶこともあったという。また、両親を殴ったり蹴ったりする状況が事件当日まで毎日続いていたようだ。

暴君化する子どもの典型

この長男は、第三章で取り上げた暴君化する子どもの典型のように見える。父親の体にあざが無数にあったらしく、長男から日常的に暴力を受けていたことがうかがえる。だから、父親が身の危険を感じたとしても不思議ではない。

また、川崎市でカリタス小学校の児童らを殺傷したのが五十代のひきこもりだったことから、長男も同様の事件を引き起こすのではないかと父親が危惧したのも、理解できる。だからこそ、この父親への同情の声が少なくなかったのだろう。

だが、私は「ちょっと待って」と言いたい。たしかに、この長男のように暴君化する子どもは、親を責めて奴隷のように扱い、暴言を浴びせたり、暴力を振るったりする。ただ、親を責める言葉を聞いていると、一抹の真実が含まれているように思われることが少なくない。

たとえば、長男の二〇一七年のツイートである。

〈私が勉強を頑張ったのは愚母に玩具を壊されたくなかったからだ〉

〈愚母はエルガイムMK－Ⅱを壊した大罪人だ。万死に値する。いいか？　1万回死んでようやく貴様の罪は償われるのだ。自分の犯した罪の大きさを思い知れ。貴様の葬式では遺影に灰を投げつけてやる〉

これらのツイートから透けて見えるのは、母親に対する強い怒りと復讐願望だ。長男がこれほど怒っているのは、ツイートの内容通り、勉強しなければ母親に玩具を壊されるようなことが中学時代に実際にあったからだろう。その怒りをぶつけずにはいられず、母親を殴り倒した可能性が高い。

成人してからも家庭内暴力を続けた長男を擁護するわけではないが、子どもの怒りと復讐願望をかき立てるようなことを親がやっていた可能性は否定しがたい。

東大への進学実績が高い中高一貫校に長男を進学させたのは、東大法学部卒のキャリア官僚である父親と同じレベルの学歴と職業を長男に望んだからかもしれないが、第三章で指摘した「勝ち組教育」の一端のようにも見える。

しかも、父親はキャリア官僚として超多忙で、しつけも教育も母親に任せきりだったのかもしれない。そういう事情から母親が過度に教育熱心になった可能性も十分考えられるが、皮肉なことにそれが長男の怒りと復讐願望をかき立てたのではないだろうか。

親と子は別人格

この事件に対する世間の反応で、私が一番驚いたのは、父親への同情の声だけでなく、称賛の声もあったことだ。しかも、「息子殺しを責められない」という発言、あるいは「親が始末をつけるという発想」を容認する発言もあった。

こうした発言には強い違和感を覚えたし、非常に危ういものを感じた。なぜかといえば、その背景に、第二章で指摘した所有意識が潜んでいるように見えたからだ。親が子どもを自分の所有物とみなしているからこそ、親自身の価値観を押しつけるのだし、子どもの人生がうまくいかなくなると自分の手で何とかしなければと思い込むのだ。

たとえば、私は、ひきこもりの子どもを持つ親から相談を受けることが少なくなく、しばしば「この子を残して死ねません。私たち親のほうが先に死ぬのに、どうしたらいいのかわかりません」という訴えを聞く。親の気持ちは痛いほどわかるが、このような訴え自体、子どもの人生すべてに親が責任を持たなければならないと思い込んでおり、さまざまな問題を家族だけで抱え込もうとしていることの裏返しのように私の目には映る。

実際、こういう親は、子どもがひきこもるようになると、近所や親戚とのつき合いを避け、外出を控えるようになりやすい。これは、責任感が強いことにもよるし、世間体を気にすることにもよる。いずれにせよ、親自身もひきこもりがちになる。そして、皮肉にも、親子の一体感がさらに強まって、共依存の関係に陥りやすい。

精神科医としての長年の臨床経験から申し上げると、ひきこもりは、本人の資質や親の育て方のせいにして片づけられる問題ではなく、家族、教育、社会の構造的な問題の結果表面化した「症状」とみなすべきである。当然、親が自分たちだけで抱え込んでも、どうにかなるわけではない。むしろ悲劇的な結末を迎えかねないことは、元事務次官の子殺しを見れば明らかだ。

だから、子どもが一定の年齢以上になったら、「血がつながっているとはいえ、親と子は別人格。子どもの問題をすべて親が解決できるわけではない。親のほうが先に死ぬのだから、子どもの面倒を最後まで見るのは所詮無理」という割り切りが親の側に必要なのだが、実際にはそれができない親が少なくない。しかも、世間体や見栄がからんでいると、さらに厄介になる。

私物的我が子観

息子を殺害するまで追い詰められた元事務次官の苦悩は、わからないではない。ただ、ひきこもりについても家庭内暴力についても相談していなかったのは一体なぜなのかという疑問を抱かざるを得ない。その理由として、一つは世間体、もう一つは**「私物的我が子観」**が考えられる。

「私物的我が子観」とは、母子心中の実態を調査した研究から明らかになった傾向である。母親が我が子を「私物」とみなし、「一緒に死んだほうがこの子にとって幸せ」「生きていてもこの子は不幸になるだけ」などと思い込んで、母子心中を図る（『母子心中の実態と家族関係の健康化——保健福祉学的アプローチによる研究』）。

つまり、子どもへの所有意識が極度に強くなったのが「私物的我が子観」であり、我が国では、伝統的な家父長的家族制度のなかで養われてきた（同書）。この「私物的我が子観」は、母親だけでなく、ときには父親にも認められる。

戦後七十年以上経ち、家父長的家族制度は崩れたはずなのに、いまだに「私物的我が子観」を引きずっている人が少なくないのは、実に残念である。

ひきこもりを苦にした無理心中と子殺し（三）

「私物的我が子観」を容認するのが危険なのは、ひきこもりの子どもの将来を悲観した親が無理心中を図る事件を誘発しかねないからだ。実際、息子のひきこもりを苦にして、殺害した後、母親自身が自殺した事件が起こっている。

たとえば、二〇一六年五月、新潟県三条市で、五十歳の男性が自宅で首から血を流して死亡しているのが見つかった事件である。通報したのは、外出先から帰宅した四十代の弟で、遺体の首には複数の刺し傷や切り傷があった。凶器とみられる刃物も室内で見つかっている。

翌朝には同居していた七十三歳の母親の遺体が、農業用の用水路で発見された。また、自宅からは事件への関与をほのめかす母親の遺書とみられる手紙も見つかっている。したがって、十代の頃から自宅にひきこもり気味だった息子に悩んでいた母親が、無理心中を図った可能性が高い。

また、定職に就かない息子の将来を悲観した母親が無理心中を図った事件も、発生している。二〇一四年二月、奈良市の団地で、当時六十九歳の母親と四十六歳の長男の遺体が見つかったのだが、奈良県警は、定職に就かない長男の将来を悲観した母親が長男を殺害して自殺した無理心中と断定し、殺人容疑で母親を被疑者死亡のまま書類送検した。

一方、父親がひきこもりの息子を殺害する悲劇も起こっている。

二〇一三年十一月、広島県福山市で、七十歳の男が当時四十四歳の長男を殺害した。

数日後、「息子を殺した」と妻に付き添われて警察署に自首し、供述通りに、長男の遺体が自宅で発見された。殺人の疑いで逮捕された父親は、「息子に殺してくれと言われた。自分も年だし、息子の将来を悲観して殺した」と供述したが、息子の首を絞めて殺害するまでには、相当の苦悩があったようだ。

長男は、十代の頃に皮膚の疾患がきっかけでひきこもりがちになり、高校を中退した。その後、大検を受け、県外の大学に進学したものの、またも中退して、家から出ない生活が始まった。そのうち、長男は、自分以外の人が発する生活音を気にするようになったため、事件の十年ほど前から、両親とは別に生活していた。それでも、母親は、毎日のように息子のもとに通い、掃除や洗濯などの身の回りの世話をしていたという。「息子の将来を悲観して殺した」という供述は、我が子を手にかけた親の口からしばしば出るが、その背景には、「ＫＨＪ全国ひきこもり家族会連合会」の調査で明らかになったように、家族の強い不安があると考えられる。

ひきこもりの長期化と高年齢化

その最大の原因は、ひきこもりの長期化と高年齢化だろう。二〇一九年三月、内閣府は四十歳から六十四歳を対象としたひきこもりの実態調査の結果を発表した。六一万三〇〇〇人という数は衝撃的だった。

内閣府は二〇一〇年と一六年にもひきこもりの調査を実施しているのだが、このときは十五歳から三十九歳が対象で、それぞれ約七〇万人、約五四万人という数字が出ている。したがって、少なくとも約一〇〇万人以上のひきこもりがいると考えられる。

その実態と長期化・高年齢化の影響を明らかにするために、「ＫＨＪ全国ひきこもり家族会連合会」が厚生労働省の助成を受けて調査を実施した。この調査は、二〇一六年十一月から二〇一七年一月まで、家族三九九名、ひきこもり経験者一一九名を対象にして行われた。

その結果、ひきこもっている本人の平均年齢は三十三・五歳で、四十歳以上の事例が全体の二五％に及ぶことが明らかになった。また、ひきこもりの平均期間は十・八年で、ひきこもり期間が二十年以上の人が全体の一六％に及ぶことも判明した。

さらに、四十歳以上の事例と四十歳未満の事例を比較した結果、ひきこもりの平均期間は、四十歳未満では約九年だが、四十歳以上では約十五年ということが明らかになった。つまり、高年齢の事例ほど、長期にわたってひきこもっている。しかも、四十歳以上の事例では、四十歳未満の事例よりも、現在及び五年後に対する家族の不安が強いことも判明している。

この調査によって、ひきこもりの長期化・高年齢化の実態が浮き彫りになったわけだが、元事務次官に殺害された長男も、典型的な四十歳以上のひきこもりである。したがって、家族の不安はかなり強かったと考えられる。

家庭という密室で起きた悲劇

不安だったのなら、どこかに相談すればよかったのに、元事務次官夫妻はどこにも相談していなかったようだ。このように**家庭という密室で抱え込んでいたことが、今回の悲劇の一因になったように私の目には映る。**というのも、この長男のように家庭内暴力を伴うひきこもりの場合、親に敵意や怒りを覚えながらも、依存せざるを得ない敵対的依存の状況に陥っていることが多いからだ。

親に対して腹が立つのに、経済的には依存するしかない敵対的依存の状況に苛立ち、さらに激しい暴力を振るうこともある。あるいは、家族との関係がひきこもりの一因になっていることもある。だから、家族だけでひきこもりを解決するのは不可能だと認識すべきだ。とくに四十代以上のひきこもりの子どもを持つ親は、できるだけ早く相談すべきだと思う。

ひきこもりの相談窓口としては、ひきこもり地域支援センター、生活困窮者支援窓口、保健所などがある。相談して、医療につなぐことができれば、精神科医が定期的に本人を診察して、助言することもできるし、必要であれば投薬することもできる。あるいは、親が家族会とつながりを持つことができれば、同じ不安や悩みを持つ親と交流しながら、解決の糸口を見つけることもできるだろう。

第三者の力を借りなければ、ひきこもりを解決することはできないので、とにかく相談することが必要なのに、元事務次官はそういう選択をしなかった。もしかしたら、ひきこもりは恥であり、外聞が悪いと考えたのかもしれない。だが、もし相談していたら、子殺しという最悪の事態は防げたのではないだろうか。

配偶者への復讐のための子殺し

先ほど述べたように、子どもの将来を悲観した親が自分の手で何とかしなければと思い込んで、無理心中を図ったり、子どもを殺したりするのは、親の所有意識による。この所有意識は、配偶者への復讐のための子殺しでも顔をのぞかせる。

配偶者への復讐のための子殺しとは、配偶者もしくは元配偶者を苦しめるために意図的に我が子を殺害する事例である。その原型は、ギリシャ悲劇に登場するメディアであり、自分を裏切って他の女のもとに走った不実な夫に復讐するために、二人の息子を殺害する。そして、「なぜに、手にかけた?」と問いただす夫に「あなたを苦しめようために」と言い放つ。

このメディアの悲劇から、「メディア・コンプレックス」という概念が生まれ、「母親が我が子の死を望む願望であり、通常は夫への復讐として生じる」と定義されている。現代でも、夫もしくは元夫への復讐のために母親が子殺しや母子心中に走ったと考えられる事件は、ときどき報道されている。

復讐願望から子どもを殺したり、無理心中を図ったりするのは、母親に限った話ではない。父親が、妻もしくは元妻への復讐のために同様の凶行に走ることもある。

いずれの場合も、その根底に潜んでいるのは「子どもは自分のもの」という所有意識だろう。この所有意識がいかに危険かは、これまで繰り返し述べてきた。親は、子どもへの所有意識を捨て、親と子は別人格ということを肝に銘じるべきである。

（注）親が子どもを道連れに無理心中を図る事件は、欧米でも発生している。ただ、欧米には「心中」という言い回し自体が存在しない。心中に相当するのは、英語では「double suicide（重複自殺）」であり、母子心中は「maternal filicide-suicide（母親による

子殺し―自殺）」、父子心中は「paternal filicide-suicide（父親による子殺し―自殺）」ということになる。

こうした表現自体に表れているように、我が国で親子心中と呼ばれている事件は、欧米ではあくまでも子殺しの枠内でとらえられている。

おわりに

二〇一九年本屋大賞を受賞した『そして、バトンは渡された』（瀬尾まいこ著　文藝春秋）がベストセラーになっている。

主人公は十七歳の少女で、血のつながらない親の間をリレーされ、四回も名字が変わった。こうした家庭環境にいると不幸なのではないかと思われがちだが、この少女は違うようだ。

「私には父親が三人、母親が二人いる。家族の形態は、十七年間で七回も変わった。でも、全然不幸ではないのだ」（同書）。

この少女は、「バトン」のようにさまざまな両親のもとを渡り歩いたが、親との関係に悩むこともグレることもなく、どこでも幸せだった。その最大の理由は、いつでも両親を愛し、愛されていたことだろう。このように、血のつながらない親であっても、子どもが愛情を受けていると実感できれば、不幸ではない。むしろ幸せになれる。

逆に、血のつながった親であっても、親からの愛情を受けられないと、子どもは不幸になる。親のほうは愛情を注いでいるつもりでも、子どもは自分のものという所有意識、あるいは子どもは自分をよく見せるための付属物という認識のせいで、子どもを苦しめることもある。

血のつながった親だからこそ、子どもを所有物とみなし、親自身の価値観を押しつけたり、過剰な期待をかけたりするのかもしれない。親が、自分のＤＮＡを継ぐ存在である子どもに自己愛を投影してしまうのは無理もないと思う。

だが、本書で繰り返し述べたように、諸悪の根源は親の所有意識だ。この所有意識のせいで、子どもを追い詰める親もいれば、子殺しの罪を犯してしまう親もいる。したがって、子どもを所有物とみなすのをやめ、親と子は別人格と割り切らなければならない。それが、子どもを攻撃する親にならないための第一歩である。

本書の刊行に際しましては、ＰＨＰ研究所第四制作部人生教養課編集長の西村健さんに大変お世話になりました。原稿をていねいにお読みくださり、適切な助言を与えてくださったご厚意に心から感謝いたします。本当にありがとうございました。

二〇一九年七月

片田珠美

参考文献

【第一章】

・『週刊文春』二〇一八年六月二十一日号

・片田珠美『無差別殺人の精神分析』新潮選書、二〇〇九年

【第二章】

・「産経新聞」二〇一九年二月五日付

・『週刊文春』二〇一九年五月二日／九日ゴールデンウィーク特大号

・萩尾望都『一瞬と永遠と』朝日文庫、二〇一六年

・ランディ・バンクロフト、ジェイ・G・シルバーマン『DVにさらされる子どもたち──加害者としての親が家族機能に及ぼす影響』幾島幸子訳　金剛出版、二〇〇四年

・アンナ・フロイト『自我と防衛』外林大作訳　誠信書房、一九五八年

・ジークムント・フロイト『精神分析学入門Ⅰ』懸田克躬訳　中公クラシックス、二〇

〇一年
・スティーブン・グロス『人生に聴診器をあてる』園部哲訳　中央公論新社、二〇一五年

【第三章】

・押川剛『「子供を殺してください」という親たち』新潮文庫、二〇一五年
・高橋和巳『子は親を救うために「心の病」になる』ちくま文庫、二〇一四年
・林直樹『リストカット――自傷行為をのりこえる』講談社現代新書、二〇〇七年
・二神能基『暴力は親に向かう――いま明かされる家庭内暴力の実態』東洋経済新報社、二〇〇七年
・ヒルデ・ブルック『ゴールデンケージ――思春期やせ症の謎』岡部祥平、溝口純二訳　星和書店、一九七九年
・ジークムント・フロイト「悲哀とメランコリー」（井村恒郎訳『フロイト著作集第六巻』人文書院、一九七〇年）

・セネカ『怒りについて 他二篇』兼利琢也訳　岩波文庫、二〇〇八年
・Jacques Lacan : "Écrits" Seuil 1966

【第四章】

・スーザン・フォワード『毒になる親——一生苦しむ子供』玉置悟訳　講談社+α文庫、二〇〇一年
・ジークムント・フロイト「文化への不満」（中山元訳『幻想の未来／文化への不満』光文社古典新訳文庫、二〇〇七年）
・ジークムント・フロイト「悲哀とメランコリー」（井村恒郎訳『フロイト著作集第六巻』人文書院、一九七〇年）

【第五章】

・「毎日新聞」二〇一九年六月四日付
・『週刊新潮』二〇一九年六月十三日号

・『女性セブン』二〇一九年六月二十日号
・片田珠美『拡大自殺――大量殺人・自爆テロ・無理心中』角川選書、二〇一七年
・高橋重宏『母子心中の実態と家族関係の健康化――保健福祉学的アプローチによる研究』川島書店、一九八七年
・特定非営利活動法人ＫＨＪ全国ひきこもり家族会連合会「ひきこもりの実態に関するアンケート調査報告書」二〇一七年三月
・エウリピデス「メデイア」中村善也訳（『ギリシア悲劇Ⅲ――エウリピデス（上）』ちくま文庫、一九八六年）
・Kieran O'Hagan：Filicide-Suicide：The Killing of Children in the Context of Separation, Divorce and Custody Disputes. Palgrave Macmillan. 2014

PHP新書

PHP INTERFACE
https://www.php.co.jp/

片田珠美［かただ・たまみ］

広島県生まれ。精神科医。大阪大学医学部卒業。京都大学大学院人間・環境学研究科博士課程修了。人間・環境学博士（京都大学）。パリ第八大学でラカン派の精神分析を学び、DEA（専門研究課程修了証書）取得。精神科医として臨床に携わり、その経験にもとづいて、犯罪心理や心の病の構造を分析。

『他人を攻撃せずにはいられない人』『プライドが高くて迷惑な人』『すぐ感情的になる人』（以上、PHP新書）、『怖い凡人』（ワニブックスPLUS新書）など著書多数。

子どもを攻撃せずにはいられない親

PHP新書 1195

二〇一九年七月二十六日　第一版第一刷

著者――片田珠美
発行者――後藤淳一
発行所――株式会社PHP研究所
東京本部――〒135-8137 江東区豊洲5-6-52
第一制作部PHP新書課 ☎03-3520-9615（編集）
普及部 ☎03-3520-9630（販売）
京都本部――〒601-8411 京都市南区西九条北ノ内町11
組版――アイムデザイン株式会社
装幀者――芦澤泰偉＋児崎雅淑
印刷所
製本所――図書印刷株式会社

ISBN978-4-569-84331-5

PHP新書刊行にあたって

「繁栄を通じて平和と幸福を」(PEACE and HAPPINESS through PROSPERITY)の願いのもと、PHP研究所が創設されて今年で五十周年を迎えます。その歩みは、日本人が先の戦争を乗り越え、並々ならぬ努力を続けて、今日の繁栄を築き上げてきた軌跡に重なります。

しかし、平和で豊かな生活を手にした現在、多くの日本人は、自分が何のために生きているのか、どのように生きていきたいのかを、見失いつつあるように思われます。そして、その間にも、日本国内や世界のみならず地球規模での大きな変化が日々生起し、解決すべき問題となって私たちのもとに押し寄せてきます。

このような時代に人生の確かな価値を見出し、生きる喜びに満ちあふれた社会を実現するために、いま何が求められているのでしょうか。それは、先達が培ってきた知恵を紡ぎ直すこと、その上で自分たち一人一人がおかれた現実と進むべき未来について丹念に考えていくこと以外にはありません。

その営みは、単なる知識に終わらない深い思索へ、そしてよく生きるための哲学への旅でもあります。弊所が創設五十周年を迎えましたのを機に、PHP新書を創刊し、この新たな旅を読者と共に歩んでいきたいと思っています。多くの読者の共感と支援を心よりお願いいたします。

一九九六年十月

PHP研究所